YSIAD

L'ALLEMAGNE

ET

SON ENFANT TERRIBLE

MAXIMILIEN HARDEN

PRÉFACE DE JOSEPH REINACH

BERGER-LEVRAULT, LIBRAIRES-ÉDITEURS

PARIS
5-7, RUE DES BEAUX-ARTS

NANCY
RUE DES GLACIS, 18

1918

Prix net : 3 francs

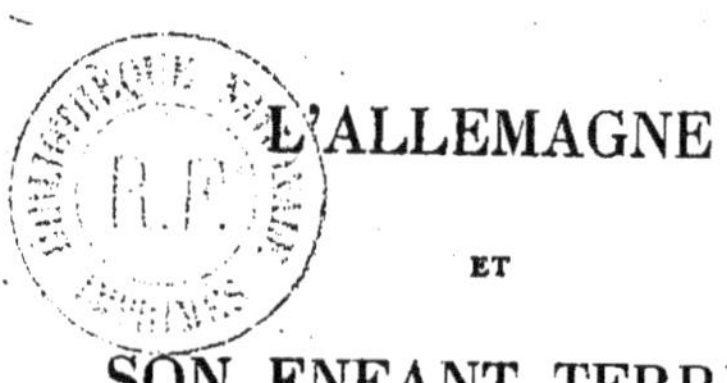

L'ALLEMAGNE

ET

SON ENFANT TERRIBLE

MAXIMILIEN HARDEN

YSIAD

L'ALLEMAGNE
ET
SON ENFANT TERRIBLE

MAXIMILIEN HARDEN

PRÉFACE DE JOSEPH REINACH

BERGER-LEVRAULT, LIBRAIRES-ÉDITEURS

PARIS
5-7, RUE DES BEAUX-ARTS

NANCY
RUE DES GLACIS, 18

1918

PRÉFACE

Le traducteur de ces « morceaux choisis » de Maximilien Harden rend service aux historiens de l'avenir. Jamais guerre n'a vu sortir des presses autant de livres, de brochures, de revues, de journaux. On en ferait un bûcher de la hauteur du Mont Blanc. A généraliser une expérience nécessairement très limitée, il s'est fait dans cette énorme littérature de guerre une grande dépense de talent, et, partout, presque partout, même dans les publications les plus médiocres, il y a des renseignements utiles à recueillir.

Le singulier personnage qu'est le rédacteur en chef et, à vrai dire, l'unique rédacteur de la Zukunft, *— quelques articles de collaborateurs, le plus souvent occasionnels, sont là comme du remplissage, afin que l'abonné ou le lecteur au numéro en ait, au poids du papier noirci, pour son argent, — Harden est de ceux dont l'historien futur de la guerre ne pourra point ne pas s'occuper. Cet historien lira-t-il les deux cents fascicules qui ont paru depuis le mois de* *tons pas. Notre puissance doit créer en Europe un droit nouveau. L'Allemagne frappe. Lorsqu'elle aura conquis de nouveaux domaines par son génie, les prêtres de toutes les divinités exalteront la bonne guerre. »*

A première lecture, aucune glorification plus cynique n'a jamais été tentée du plus grand crime qui ait été commis contre le genre humain. Relisez, rapprochez de vingt autres textes : c'est un terrible acte d'accusation, écrit de propos très délibéré.

Joseph Reinach.

INTRODUCTION

Maximilien Harden n'est guère connu en France que par les quelques phrases détachées que les grands quotidiens ont de temps en temps citées dans leur revue de la presse. Or, c'est sans contredit l'homme le plus en vue du journalisme allemand, celui qu'à l'étranger l'on considère comme une sorte d'enfant terrible de la presse d'outre-Rhin, assez hardi pour dire parfois la vérité au pays et braver les foudres du Gouvernement impérial. Sa revue hebdomadaire, *Die Zukunft* (l'Avenir), ne contient que rarement des articles dus à une plume autre que celle de son rédacteur en chef : le numéro n'est en général composé que du seul article de Harden qui, chaque semaine, vient entretenir ses lecteurs des sujets les plus variés : politique, art, littérature, histoire, questions sociales, théâtre. Sa prose est, à vrai dire, d'une lecture quelque peu laborieuse : connaissant plusieurs langues européennes, il fait copieusement étalage d'une vaste culture, usant et abusant de périphrases, de citations et d'allusions ; il se pose volontiers en érudit universel, en moraliste équitable et impartial —

« l'un de ceux, dit-il, que la fureur n'aveugle pas »; et, lorsqu'il s'agit de politique, en homme d'État, voire en prophète. A l'en croire, le plus célèbre des messages du Président Wilson n'aurait été que le développement des grandes lignes tracées quelques mois auparavant dans un article de Harden, intitulé : « Si j'étais Wilson ».

Depuis la guerre, l'attitude adoptée par lui pourrait être résumée de la façon suivante : s'abstenir adroitement de toute critique à l'adresse de l'Empereur, sans tomber toutefois dans un loyalisme dynastique, incompatible avec les idées libérales et démocratiques dont il se pose en champion; exposer sans ménagement — et souvent avec esprit et mordant — les points faibles de la politique allemande, les erreurs qui, selon lui, auraient été commises, en rejetant tout le blâme et la responsabilité sur les diplomates et les hommes d'État de l'Empire, et en première ligne sur le chancelier de Bethmann-Hollweg. A leur maladresse, à l'étroitesse de leurs vues il oppose sans cesse la dextérité politique de Frédéric II, la largeur de vues et les vastes conceptions de Bismarck. Ce sont d'ailleurs ces deux noms qui reviennent constamment sous sa plume dès qu'il parle politique. Quant à l'armée, officiers et soldats, il les glorifie sans restriction aucune, rejetant comme d'infâmes calomnies les accusations d'atrocités dont ils sont l'objet de la part des ennemis de l'Allemagne. Le peuple allemand et son activité patriotique dans tous les domaines sont également l'objet de ses louanges, et il aime à se poser en démocrate, en avocat des droits du peuple et en féministe convaincu.

C'est cependant cette note de conviction vraie, c'est l'accent de sincérité que l'on perçoit le moins dans ses écrits Ceci tient peut-être en partie à son style, fait tantôt de tirades d'un lyrisme exagéré, tantôt de vaticinations sur un ton moralisateur, prophétique ou comminatoire; jamais simple ni clair. Il ne craint pas de se servir d'images parfois triviales ou même grossières, mais souvent aussi il a de l'esprit et des trouvailles heureuses de mots. Mais lorsque, dans l'Allemagne militariste de Guillaume II, où la presse est minutieusement organisée et surveillée, on voit Harden faire profession de ce qu'il est convenu d'appeler idées avancées, on a un peu l'impression d'un excellent acteur admis à jouer pour le moment le rôle qui flatte le goût du jour, mais qui demain, si cela était opportun, pourrait être appelé à déclamer des tirades dans un sens diamétralement opposé.

Il y a deux questions sur lesquelles les dires de Harden n'ont jamais varié : le droit de l'Allemagne à la domination universelle, à la direction de la civilisation et de la culture humaine, et la question d'Alsace-Lorraine.

Après Agadir il écrivait : « L'Allemagne a le droit d'étendre selon ses besoins sa domination territoriale, et elle possède la puissance voulue pour maintenir ce droit contre toute opposition. »

(5 août 1911.) Au début de la guerre, il écrit : « Demandez au chêne qui lui a donné le droit de s'élever plus haut que tous les autres arbres de la forêt? Dans sa cime vous entendrez la réponse : *Ma force fait mon droit* », phrase souvent citée par les journaux de l'Entente, et que plus tard Harden a nié avoir écrite. Dans sa revue du 27 janvier 1911, il écrit, en songeant évidemment à l'Alsace-Lorraine : « Sera-t-il possible de déraciner le militarisme? Selon moi c'est une certitude inéluctable. Cet événement pourrait seulement être retardé par une sotte tentative d'arracher au corps d'un État un morceau indispensable à ses fonctions vitales ou à son amour-propre. Cette puissance se verrait forcée, dès le lendemain de la conclusion de la paix, de faire tous les sacrifices, de sang et d'argent, pour reconstituer le corps de son empire et retrouver son prestige. Songez-y, Grey, Briand, Sazonoff, dans quelle atmosphère lourde d'orage menaçant, dans quelle misère déprimante vous seriez forcés de végéter, si cette puissance mutilée se trouvait être l'Allemagne immortelle, qui tendrait toutes ses forces intellectuelles et économiques en vue de briser et de dissoudre le bloc formant sa maison et de châtier le tort qui lui aurait été fait. »

La puissance mutilée est la France qui, depuis 1871, saigne de la blessure en plein cœur qui lui a été faite.

Depuis plus de quarante-six ans, grâce à cette

violation, l'Europe étouffe dans « une atmosphère lourde d'orage menaçant ». L'heure est arrivée où le sacrifice de la France doit recevoir le prix de son héroïsme ; il ne peut être qu'une paix durable basée sur la justice et le droit.

YSIAD.

L'ALLEMAGNE

ET

SON ENFANT TERRIBLE

MAXIMILIEN HARDEN

5 février 1916.

« LA FORCE PRIME LE DROIT »

Dans la première partie de son article, Maximilien Harden fait le portrait, à grands traits, de Lloyd George. Ce serait, d'après lui, le diplomate anglais qui aurait trouvé la formule qu'il attribue à l'Allemagne, afin de justifier la guerre : « La Force prime le Droit. » Il la donne comme devise à l'Empire allemand, pour l'incruster durablement dans tous les cerveaux.

Cette formule ne serait pas due à l'Allemagne, mais bien aux Anglais. L'ardent polémiste soutient cette thèse plutôt spécieuse avec force citations à l'appui, entre autres ces paroles de Bismarck, à la tribune :

« Suivant l'opinion d'un homme d'État expérimenté, la vie constitutionnelle consiste en une série de compromis. Si le compromis se trouve réduit à néant, par le fait que l'une des puissances intéressées ait la prétention de faire prévaloir sa doctrine avec absolutisme, la série des compromis se trouve interrompue et remplacée par des conflits, lesquels deviennent aussitôt des questions de force. Celui qui a la force entre les mains agit conformément à ses idées, car la vie de l'État ne saurait s'arrêter, même un seul instant. »

Le comte Schwerin répond [1] :

« Le point culminant du discours de M. le ministre-président est cette phrase : « La Force prime « le Droit. » Dites ce que vous voudrez, nous avons la force, par conséquent, ce sera notre théorie qui passera ! »

Bismarck : « J'apprends que l'orateur a cru comprendre que j'ai dit : « La Force prime le Droit. » Je ne me souviens pas d'avoir fait semblable assertion. (*Contradictions.*) Malgré les réflexions inouïes par lesquelles vous accueillez ma rectification, j'en

(1) Le comte Schwerin était Allemand aussi pourtant, et il avait démêlé la formule lapidaire dans le discours.

appelle à votre mémoire. Si elle est aussi sûre que la mienne, elle vous dira que je conseillais un compromis, autrement il pourrait y avoir des conflits qui deviendraient une question de force, et, — étant donné que la vie d'un État ne saurait subir d'arrêt — le possesseur de la force se verrait obligé d'en faire usage. »

Harden cite une de ses propres phrases écrite auparavant :

« De quel côté est le droit? Demandez à un hêtre de quel droit il élève son faîte si haut, alors que les pins, les sapins, les bouleaux, les palmiers n'en sont point capables. Faites-le comparaître devant un tribunal présidé par un conifère nain.

« Sa couronne répond pour lui :

« Ma force est mon droit. »

« Il n'existe aucun juge du droit inné qu'a un peuple de vivre, de prospérer, de grandir en s'élevant vers le ciel. Tout juge serait incompétent... et nous le sommes tous, nous qui vivons hors de la pure atmosphère des cimes où se mouvait le sage vieux Goethe; nous sommes incompétents lorsqu'il s'agit de porter un jugement sur des nations étrangères dont les façons d'agir nous sont nuisibles.

« Nous ne voulons pas croire qu'elles nous aient trompés, circonvenus, trahis. Par nonchalance, nous ne voulons pas examiner les preuves, fortes ou faibles, solides ou vacillantes. La place des dirigeants qui se laissèrent duper est sur un vase de nuit d'enfant! Ils ignoraient que lorsque Mars se revêt d'or et ordonne à ses filles Horreur et Épouvante d'atteler ses coursiers au char de la Guerre, l'état primitif et éternel de la nature revient!

« L'esprit que l'Allemagne demande aujourd'hui à ses enfants ne provient pas des subtiles explications du droit. De quel côté est le droit? Il s'agit seulement de savoir de quel côté est la puissance. Il nous faut vaincre, et non pas prouver devant des robes et des lunettes que nous sommes des gens honnêtes et pacifiques!

« Où donc est le monde à qui l'on prouverait qu'Anglais, Slaves, Français, Italiens, Wallons, sont des menteurs sans foi, des miséreux pitoyables? Ce n'est pas le *droit* de l'Allemagne, mais la *force* de l'Allemagne qu'il s'agit de prouver à présent. Nous devons va[illegible]cre. Sans cela le droit périrait lorsque périra[illegible] la puissance.

« Si le grouillement de l'ennemi devenait plus fort que nous, alors sa puissance lui donnerait, à lui, le droit d'élever la tête au-dessus de l'humanité allemande [1]! »

A l'appui de sa thèse, Harden collectionne des citations pour prouver que « la conscience ne défend rien du tout » et, plus loin, que « la guerre délie tous les liens de devoir moral ». Il invoque

(1) N'est-ce pas là dire tout net, non seulement que la force prime le droit, mais que la force *est* le droit, intrinsèquement?

tour à tour J. Bentham, Hobbes, Bain, Spinoza, Burke; mais les applications de ces citations dans un raisonnement spécieux sont telles qu'elles les faussent.

Toute cette partie de l'article n'est qu'un véhément plaidoyer, politique et philosophique, pour justifier l'Allemagne, justifier la guerre, justifier la façon même de faire la guerre. Ce plaidoyer est un long et habile sophisme.

Tournant sa verve contre Lloyd George, « avocat de l'Europe », Harden déclare que celui-ci tremble de peur, et que c'est ce sentiment-là qui lui fait réclamer « la corde pour le coupable » !

« Mais ce n'est ici qu'une parole destinée à impressionner les jurés et l'opinion publique; elle n'a aucune valeur intrinsèque. On est d'accord là-dessus. Mais qu'adviendra-t-il?

« L'Europe saigne. Les morts, les mutilés sont innombrables; l'élite intellectuelle a partout donné la première. La guerre a déjà dévoré plus de quatre, peut-être cinq cent mille millions! Encore un an, deux ans de guerre..., nouvelles destructions, ruines dont tous les arrière-petits-enfants se ressentiront encore! Amoindrissement de la vie économique, régression de la vie et des mœurs vers un état que la fondation de l'Empire avait élargi pour nous [1].

(1) Voici la crainte qui perce : l'Allemagne, cessant d'être puissance mondiale; la ruine, la forçant à reprendre l'existence étriquée

« L'Amérique, qui laisse parler les ambitieux, mais ne pense pas à faire la guerre, même dans ses rêves, se trouvera élevée, sans aucun effort de sa part, à la domination du monde [1].

« C'est aux États-Unis qu'il faut aller voir comment, dans le désastre général, doit agir la richesse avisée. Les emprunts accordés aux États belligérants deviennent des impôts levés sur leurs propres citoyens; l'État demeure l'associé d'affaires qui encaisse la moitié des bénéfices.

« Monopoles, limitation (ou réglementation) de l'industrie, du commerce, surveillance officielle, réglementation de la consommation, hautes digues opposées à l'offre en masse de la marchandise... L'entreprise privée a-t-elle encore quelque valeur, ou bien approchons-nous des temps annoncés par les manifestes communistes ?

« Plus la lutte et la destruction des valeurs durera longtemps, plus problématique sera, pour le vainqueur, l'espoir de recevoir une compensation pour les frais de la guerre. Le peuple qui devrait payer deux années de guerre de deux grandes puissances européennes serait tout entier réduit à la mendicité.

« Et quel est le peuple qui consentirait à subir dix années de tribut à payer à un vainqueur occupant durant toutes ces années son territoire ?

---

de jadis, avant que nos 5 milliards et la fondation de l'Empire lui eussent acquis les fonds nécessaires à une vie industrielle.

(1) Cette phrase est visiblement destinée à réveiller l'ancienne jalousie de l'Angleterre à l'égard des Etats-Unis.

« Même les âmes s'en trouveraient ébranlées puissamment [1] ! On se déshabituerait du mariage, du foyer, du travail quotidien des citoyens. La charpente de l'État (et serait-ce d'un seul État ?) craquerait ici ou là, et de nouveaux voisins, proches ou éloignés, auraient de nouveau des malheurs et des pertes.

« Croyez-vous sauver au milieu de la tempête votre réforme sociale [2], votre plan sauveteur de la société ? Après une longue guerre, l'abîme qui séparera la fortune, hâtivement accumulée, de la misère ne sera-t-il pas plus profond encore qu'au temps où l'ordre des choses vous semblait déjà troublé ?

« On a dit, dans votre Chambre des Communes, que les suites de la guerre seraient aussi immenses que celles de la chute de l'Empire romain, de l'invasion de l'Islam, de la Réforme, de la Déclaration des Droits de l'homme, y compris Robespierre, le Directoire et Bonaparte.

« Si vous n'écoutez que vos désirs et que la lutte continue, peut-être comprendrez-vous que votre rhéteur à Westminster n'avait pas exagéré. »

Après avoir ainsi utilisé son éloquence contre l'Angleterre, à seule fin de l'intimider, Harden revient à l'Allemagne, dont il célèbre l'apologie.

---

(1) Le souci de l'âme, après la délicatesse des sentiments exprimés auparavant, est touchant.

(2) Il s'adresse à Lloyd George.

« Nous pouvons en parler (de cette guerre), nous, avec tranquillité, car l'Allemagne n'est menacée de rien de plus que le reste de la terre. Déjà, l'hiver dernier, l'ennemi nous a prédit que tout tournerait à notre désavantage au printemps ; nous n'avons aucune raison actuellement de prêter une oreille plus attentive à ces discours.

« Dix-huit mois de combat contre des troupes fraîches, voilà notre bilan ; et un seul tout petit lambeau de terre allemande, à l'ouest, est entre les mains de l'ennemi.

« De l'Escaut à la Duna, d'Héligoland au Bosphore, un mur d'airain ferme toutes les voies à ceux qui combattent contre nous.

« Avant qu'on arrache cela à nos guerriers, vos troupes seront à l'agonie !

« Quel dommage ! ô vous qui armez l'Angleterre ! quel dommage qu'une trêve d'un mois soit impossible ! Un mois hors du cyclone, et vos yeux verraient plus clair dans la vérité, et vous commenceriez à comprendre ce qui ne devrait pas arriver.

« Comment la France atteindrait-elle l'automne, l'hiver ? Depuis septembre 1914, le théâtre de la guerre est sur ses districts industriels les plus importants. Un quart de ses biens immeubles est entre nos mains. Jusqu'à la fin de l'année, cent mille millions, au bas mot (en comptant les intérêts, mais non les frais de reconstitution), seraient engloutis. Les localités exposées au bombardement seraient en ruines.

« Les calculs humains ne prévoient qu'un seul salut, la « grande offensive » qui écraserait toutes les lignes allemandes en France et en Belgique, et refoulerait, comme des moustiques, les Allemands derrière le Rhin.

« Cela est aussi probable que n'importe quel autre miracle.

« L'Angleterre, avec sa maîtrise des mers et sa richesse, pourrait tenir longtemps, peut-être. Mais dès à présent, elle n'est plus, dans aucune partie du monde, devant aucun pays de protectorat, ce qu'elle était au siècle de Trafalgar ([1]) ! Alors l'Angleterre devrait se demander, avant qu'il soit trop tard et que le crépuscule tombe, si elle a le droit d'attendre ce cri de l'humanité désespérée :

« Nous, nous mourons ! et toi, ta joue est à peine « pâlie par tout le sang versé ! »

« Alors, Monsieur Lloyd George, vous serez l'accusé et non plus l'accusateur ! ce sera votre propre cause qu'il faudra plaider, les comptes de votre propre gestion, si sûre d'elle-même, qu'il faudra rendre !

« Mazzini écrivait jadis :

« Une guerre qui n'est pas faite dans le but de « défendre une grande vérité ou de démasquer un « grand mensonge est le plus effroyable des crimes. »

---

(1) Ceci avait pour but de cacher au public allemand le mouvement de loyalisme des colonies, protectorats et dominions de la Grande-Bretagne.

« Votre guerre doit démasquer, enterrer ce mensonge : « La Force prime le Droit ! » Mais ce mensonge n'a jamais eu cours dans l'Empire allemand. Mensonge aussi, cette fable que l'Allemagne veuille exterminer ses ennemis comme du gibier (ni Frédéric, ni Bismarck ne l'ont jamais ni conseillé ni désiré) et que, si les pièces au tableau ne peuvent être emportées dès le lendemain, l'Allemagne recommencera la battue le jour suivant ! Mensonge encore que l'Allemagne doive être bannie de l'Europe de demain, parole préparée avec art, de façon à demeurer dans les mémoires, sur tous les fronts et dans toutes les capitales !

« Jamais l'Allemagne n'implorera la paix ! Mais elle saluera avec joie l'aurore du jour où finira son rôle de terreur, et lui rendra possible le retour au travail calme qui crée, le retour à la vie libre et digne en commun.

« Le peuple ne prétend qu'à ce qui lui est dû, à ce que sa valeur intrinsèque lui a créé [1], et sa volonté aura désormais plus de poids qu'elle n'en avait auparavant. Si vous arriviez à réduire un jour à l'esclavage ce peuple, la nuit suivante ne descendrait pas avant qu'il ait secoué ses liens et reconquis sa liberté, car il est fier de son droit inné et demeure le gardien pieux de toutes les forces surgies dans le sang de ses héros. »

Cette dernière partie n'est, somme toute, qu'un

(1) La conquête du monde et sa domination.

habile et violent discours destiné à démontrer aux Anglais les dangers que leur fait courir la prolongation de la guerre. Aux Alliés, l'auteur prêche la paix; à la France, il dresse un épouvantail et lui prédit l'impossibilité de durer jusqu'à la fin de l'année 1916. En revanche, il essaie de représenter une Allemagne sans inquiétude aucune, ayant une situation assurée, un avenir de grandeur indiscutable, et pouvant, par conséquent, imposer sa paix au monde.

C'est à peine si l'inquiétude se glisse dans la seconde partie de l'article. Nous retrouverons ce sentiment dans toute la série parue dans la *Zukunft,* et même avec une augmentation intéressante.

12 février 1916.

AVANT LE MOMENT DÉCISIF

« Les articles de soi-disant « neutres » qui paraissent dans les journaux français ne sont que des mensonges. Dans ce mur de mensonges dont s'entourent les Alliés niche leur croyance en la victoire. En Allemagne, certaines choses, certains produits manquent, il est vrai; mais tout va très bien. Les neutres sincères peuvent venir voir; ils pourront même faire la noce, s'ils ont de l'argent et l'envie de la faire. Ils pourraient rendre un signalé service à l'humanité : celui de faire tomber la muraille des mensonges.

« Ceci est invraisemblable. L'Allemagne veut la « paix, ses ennemis veulent continuer la guerre. Ce « qui prouve... »

« Ce qui prouve que l'Allemagne est près du but à atteindre et que l'ennemi en est plus éloigné qu'au premier jour de la guerre. Ce but ne fut jamais celui d'annihiler l'Angleterre, la France, l'Italie, la Russie avec ses protégés, ni de les réduire au vasselage. Le gagnant a le droit (et lorsqu'il s'agit de ce qui ne saurait être remplacé : de l'humanité, il en a le devoir) d'offrir la paix. Une offre semblable ne l'humilie pas, au contraire, elle rehausse son prestige.

« Les Allemands veulent éviter l'inévitable. »

« Parfaitement; ils veulent éviter ce qu'une continuation de guerre rendrait inévitable, mais ce qui est loin d'être une menace pour eux seuls. Ils voudraient ne pas être forcés de dévaster de nouvelles étendues de terrain et de doubler le nombre des morts. Il y a six mois, ils pouvaient se contenter de rester sur l'offensive, de conserver ce qui avait été conquis, de l'exploiter et de dire à l'ennemi : « Nous ne bougerons pas jusqu'à ce que tu nous « fasses nous ébranler pour nous défendre. » Mais à présent, il est trop tard. La préparation de l'action qui aurait pu amener une décision a été trop longtemps reculée par les ennemis; aujourd'hui encore, ils gémissent sur leur manque d'union et se concertent sur la façon d'y remédier. Toutes les mers et quatre continents leur sont ouverts. *Pouvons-nous attendre qu'ils aient appris en regardant leur adversaire le geste, la ligne de conduite nécessaires, et qu'insensiblement la misère s'infiltre chez nous, qui jusqu'ici n'est que mensonge? Les hommes ne sauraient nier que la culture des champs serait plus difficile dans la troisième année que dans la seconde, qu'il serait difficile de remplacer sinon les hommes, tout au moins certaines matières premières importantes, et que la dépense d'argent dépasserait les limites du possible. Après trois années de blocus, les places dont il semblait que les Allemands ne pourraient être délogés se trouveraient aussi occupées sur les marchés principaux.*

« Pouvons-nous attendre? Le désir de l'ennemi de continuer la lutte nous répond : Non! Ne jamais devenir exécuteur de la volonté de l'ennemi, telle est la maxime de guerre des autorités les plus élevées (Bonaparte et Clausewitz). Même la certitude de n'avoir rien à craindre d'une guerre d'usure ne doit pas nous décider à l'accepter comme étant imposée par la volonté de l'ennemi. Le délai est court pour arriver à une entente, mais il existe encore. Nous ne voulons pas que l'Europe, appauvrie et dévastée, devienne un nouveau Pompéi pour des touristes internationaux. Nos armées ont remporté de puissantes victoires et n'ont été battues nulle part (La Marne et l'Yser furent des méprises, des bévues, mais non des défaites) (*sic!!!*).

« La raison doit toutefois nous empêcher de tendre l'arc outre mesure. Votre force de combat n'est pas brisée; le bouclier de votre honneur guerrier n'est pas entamé. En comprenant qu'il faut qu'un terme soit promptement mis à cette guerre, en tant qu'elle est la plus effroyable catastrophe de l'histoire, et en pesant impartialement les forces et les éventualités, il serait possible d'aboutir à la paix, à une paix durable, qui ne salisse aucun honneur, qui ne détruise aucun droit fondamental, qui ne se mette pas en travers d'un apaisement graduel, d'une réconciliation graduelle, d'une union de l'Europe. Il serait possible de songer à une limitation des armements conforme aux degrés nouveaux de puissance (une nation qui possède l'espace voulu pour respirer n'a plus besoin de se cuirasser autant que lorsqu'il s'agit de conquérir cet espace par le glaive aux autres). »

N'est-ce pas là un aveu que cette guerre a été entreprise par l'Allemagne pour conquérir une partie de l'Europe ? Et pourtant, l'ont-ils assez nié ! Ce qui est curieux dans ces articles de Harden, c'est, d'une part, leur raisonnement très serré et qui serait très juste *si* l'Allemagne avait été assaillie. Or, partant de prémisses fausses, tout son échafaudage se retourne *contre* lui. D'autre part, il lui échappe de temps en temps un aveu involontaire, qui détruit toutes les assertions précédentes ; ainsi il est entendu que l'on affirme le droit d'une nation de conquérir aux autres l'espace nécessaire ! Ces plaidoyers continuels pour se justifier sont autant d'aveux.

« Il devient possible aussi de songer à une communauté de la dette de guerre qui deviendrait un ferme soutien pour le désir de paix. »

Quelle lumineuse solution de la question de l'indemnité de guerre pour l'Allemagne, s'entend ! Mettre en commun cette question, pour que chacun paie sa quote-part : comme cela allégerait celle de l'Allemagne !

« Voulez-vous sortir du brouillard de mensonge « pour aller vers la lumière, quitter la fausse « magnificence de palais minés pour les salles « propres et honnêtes d'une union de travailleurs, « union qui serait capable de réparer en une géné- « ration tous les maux d'hier et d'aujourd'hui ? Si « vous le voulez, vous ne nous trouverez pas dé- « raisonnables. Il est encore temps de s'entendre ; « mais le délai est court. »

« C'est ainsi que devrait parler l'Allemagne, non pas à voix basse, en chuchotant, mais fort, de façon que les peuples mêmes l'entendent, et non pas seulement ceux qui les trompent et les flattent (1). »

« Montrer sans phrases le mur sur lequel pourrait reposer la paix. Si cette invite est décriée comme faiblesse, peu importe. Si elle est repoussée, alors, dans le rayonnement du vainqueur, l'Allemagne aurait accompli le dernier devoir qui lui incombe à l'égard du monde, à l'égard de l'humanité.

. . . .

« Alors la conscience morale des habitants du monde entier aurait la preuve qu'au lieu de souhaiter (comme tout être noble qu'un destin aurait précipité dans la lutte) la fin de la souffrance universelle, nos ennemis ne cherchent que la muti-

(1) Est-ce un aveu des offres de paix que la presse allemande a toujours niées ?

lation du plus fort qui les gênait. Qui pourrait alors conseiller encore aux Allemands la patience, le respect des usages anciens (1)?

« Alors la guerre deviendrait une guerre telle qu'aucun cerveau aujourd'hui ne peut encore se la représenter. Une guerre dont le droit serait créé a nouveau par chaque jour nouveau. Une guerre telle que seuls les mythes, l'histoire de l'*animalité* (!) peuvent en donner une légère idée. Nous n'attendrons pas qu'il vous plaise de poser les poids sur la balance. S'il nous faut mourir, c'est nous qui en fixerons l'heure. Aucun État neutre ne peut prétendre à ce que nous songions à son avantage, à sa commodité, plutôt qu'à assurer notre vie. »

Suivent ensuite des menaces à l'Angleterre, etc.

. . . .

En résumé, grand désir de faire la paix, parce que l'Allemagne a obtenu les pays qu'elle voulait occuper, et qu'elle craint l'avenir, les Alliés ayant eu le temps de s'organiser pour une action plus efficace. Qu'on lui laisse tout ce qu'elle occupe, que les frais de la guerre soient supportés par tous en commun et elle consent à faire la paix... par humanité. Sinon, elle se surpassera en atrocités. Et ce sera son droit.

(1) Plaidoyer pour justifier leurs atrocités futures : Lille, par exemple.

19 février 1916.

CONSIDÉRATIONS SUR LE THÉATRE

En Angleterre, il n'existe pas.

En France, on ne joue que de vieilles pièces et l'art dramatique n'existe plus.

En Russie, l'art dramatique est contraire à l'esprit du peuple, trop lent, etc.

En Allemagne, à Berlin seul trente théâtres jouent chaque soir; malgré la guerre, partout des concerts classiques et cafés-concerts, tous bondés de monde. Pièces et musique de tous les pays, sans honnir les ennemis. Toutefois, l'Allemagne ne possède pas encore d'art dramatique national.

Longue digression sur le théâtre dans la Grèce antique. Citation de Goethe et de Lessing.

Aucune conclusion.

26 février 1916.

Opinion de Bonaparte sur les crimes commis contre les populations de pays envahis.

Lettre de Bonaparte parlant de la paix, offrant la paix, en somme.

Ces citations sont faites pour justifier l'Allemagne, bien entendu, et pour prêcher à Briand la nécessité de faire une paix séparée.

La seule partie intéressante se trouve aux pages 142 et 143. Trois hypothèses des résultats possibles de la grande offensive.

I. — Les lignes allemandes rompues; la paix serait encore très éloignée. Une paix qui rendrait l'Alsace-Lorraine à la France ne serait qu'une trêve. Dans dix ans, dans vingt ans, l'Allemagne recommencerait la guerre.

II. — L'offensive allemande rompt les lignes françaises. Paris est pris. La France continuera-t-elle à vivre avec la même patience et la même dignité avec laquelle elle supporte d'avoir ses provinces du Nord envahies, dignité que les « Boches » tant haïs admirent comme il est dû? Tout homme impartial voit bien qu'une armée qui se trouve à Noyon et à Saint-Quentin a plus de chances de prendre Paris que l'armée française de repousser les Allemands de l'Aisne jusqu'au Rhin. La victoire allemande coûterait cher aussi, et la volonté du peuple allemand ne tolérerait qu'un seul mot d'ordre, étant donné le nombre de morts : « Saigner l'ennemi à blanc ! » La France cesserait de compter au nombre des grandes puissances.

III. — Aucune décision nette. La France recouvre ses provinces dévastées qu'il ne sera pas possible de reconstituer en une seule génération d'hommes. Les frais de guerre, veuves, mutilés, orphelins, etc., ne lui sont pas payés (et, dès la fin de l'année, ces frais se montent à 100 millions). Ses amitiés et ses inimitiés lui imposent de nouveaux armements. Faute d'hommes et faute d'argent, ses femmes et ses colonies restent stériles. Alors, la colère du peuple déchaînerait une haine de peuple à peuple qui séparerait les nations les unes des autres à jamais.

C'est pourquoi la France doit faire la paix dès à présent. Il est encore temps de prévenir ces malheurs. La France s'est relevée aux yeux du monde, etc., etc. (des compliments pour dorer la pilule !) La guerre peut lui apporter la paix extérieure et intérieure, la sécurité, le calme, à la condition qu'elle cesse de désirer ce qui a été perdu à jamais. Au dehors, elle n'y perdra plus jamais le plus petit lot de son territoire. Tout autre résultat de la guerre ne serait pour elle qu'un prêt momentané, pour lequel elle aurait à payer, plus tard, d'effroyables intérêts.

Un homme d'État fort ne laisserait pas échapper l'occasion de sauver l'Europe. Par la grâce de génie, il lui serait révélé qu'un peuple qui n'est pas épuisé ne doit pas être saigné à mort pour une erreur, et que des traités qui exigent le suicide sont immoraux [1].

Une réflexion calme et de sang-froid lui ferait comprendre que l'Allemagne doit aboutir à une paix honorable avec la France, ou saigner cette dernière, mais qu'elle doit éviter à tout prix de faire traîner en longueur la décision.

Harden ne nous dit pas pourquoi cette si grande hâte pour l'Allemagne. Parce que, plus le temps passe, plus la « saignée à blanc » lui deviendra difficile, peut-être ?

Au début, il considère Briand comme l'homme capable de faire la paix avec l'Allemagne, ou tout au moins comme *devant* en être capable, parce que le livre de Gaston Routier : *Le Napoléon de mes rêves,* dans lequel un rapprochement avec l'Allemagne est préconisé, avait été dédié à Briand.

« Le bloc européen peut être créé par la France et l'Allemagne unies. L'Angleterre et la Russie ne poursuivent que des buts égoïstes. »

(1) Par conséquent, au nom de la morale, la France doit faire la paix séparée.

11 mars 1916.

Prise d'Erzeroum sans grande importance. Espoir de dissensions entre l'Angleterre et la Russie. Verdun attaqué; terreur des Français et leurs rodomontades pour la masquer.

Beaucoup de mots, en somme, pour ne rien dire. Rien à noter, si ce n'est, au sujet de l'accusation de cruauté (portée contre les Allemands par Ch. Humbert, dans *Le Journal*), la citation du mot de Frédéric II, que c'est « par la victoire et non par des ménagements que l'on peut vaincre », mot irréfutablement juste, dit Harden.

---

18 mars 1916.

NOTES

1° Esquisse de l'histoire du Portugal, montrant son inféodation à l'Angleterre. Rien à noter.

2° Citations tirées d'articles de journaux français, au sujet du rajeunissement des cadres et de la nécessité de produire sans relâche des munitions. Conclusion de Harden :

« Mauvais chefs et mauvaise artillerie, et malgré cela, les Français croient la victoire certaine...! »

3° Esquisse de la carrière de l'amiral Tirpitz, à l'occasion de sa retraite. Éloges avec un blâme léger pour n'avoir pas, d'emblée, compris l'importance des sous-marins (jadis, au début de leur apparition). Rien à noter, si ce n'est l'idée que se fait Harden des qualifications nécessaires à l'homme d'État (... et selon lui, c'est l'opinion de Goethe aussi).

« La personnalité éclate en lui ; « c'est un gail-« lard », dira de lui, même celui qui le hait. Est-ce aussi un homme politique? Il semblerait parfois que le spécialiste ait étouffé l'embryon d'un homme d'État. Il ne manque ni du grand fonds de ruse ni de la déloyauté, de l'absence de conscience qui, selon l'avis de Goethe, sont indispensables à tout homme d'action ; il est dur comme le fer et souple comme l'acier. Dans le cercle des « Excellences » allemandes, nul ne comprit aussi nettement que lui que la politique commande de continuer la guerre (ce retour à l'état sauvage de la nature primitive, qui abolit le droit de la civilisation) par des moyens qui ne sont pas toujours ceux de la douceur, et que celui qui gouverne, celui qui est chargé de la chose publique et responsable de l'avenir d'un peuple ne peut pas être enchaîné, ne saurait être parqué dans l'étroite morale du petit bourgeois. »

. . . .

Il semble assez intéressant de voir proclamer la *nécessité* de *Gewissenlosigkeit,* c'est-à-dire de déloyauté, de manque de conscience, pour un homme d'État. Le reste de l'humanité, tout en faisant de vilaines choses, sait que cela n'est pas louable et s'efforce de les présenter sous une apparence de justice et de droit ; c'est un stade plus élevé dans le développement de la conscience morale que celui qui consiste à voir le mal comme étant le bien et la vérité. On voit la même différence entre un Anglais et un Allemand qui auront été ivres. L'Anglais dira : « I was ill yesterday, I had a bilious attack. » L'Allemand dira : « Ach! gestern war's schön, ich war besoffen wie ein Schwein », très franchement et en s'en glorifiant.

---

31 mars 1916.

ORAGE DE PRINTEMPS

I. — Sainte Hildegarde, voyante et prophète du douzième siècle :

« Un orage, dit-elle, s'élève de la mer sanglante et envoie ses rayons du haut de la voûte céleste dans les têtes et les cœurs des humains, et son feu sonore éveille le désir de raison, de bon sens, enterré sous les ruines du bonheur. La raison voit dans la guerre le suicide, considère tout but à atteindre au moyen de la guerre comme devant diminuer par la violence les biens de l'humanité. La raison unit les peuples et les princes ; ceux qui, avant le lever du soleil ne pensaient qu'au meurtre, elle les unit en une résolution de ne plus manier que la charrue et les autres outils de paix, et de ne plus jamais employer le fer, la moisson d'airain de la terre, à armer l'homme contre l'homme. »

Cette très belle prophétie est évidemment citée par Harden pour prouver aux Alliés la nécessité pour eux de faire la paix, dès à présent. Il remarque, avec raison, le foisonnement des prophéties diverses en France, et s'en moque, car aucune ne s'est réalisée encore. Néanmoins, il a l'air de ne pas négliger ce moyen d'impressionner — peut-être ! — l'opinion.

II. — Citation du livre de Patterson, *German Culture,* pour prouver tous les services rendus à l'humanité par la culture allemande. Erreur de croire que l'Allemagne *prussianisée* n'ait plus rien en commun avec les Luther, les Kant, les Goethe, les Mozart, etc., etc.

« Cela vous semble prouvé par la sottise de l'« Appel au monde civilisé » (le Manifeste des Intellectuels), sous lequel deux écrivains médiocres ont, par une attaque brusquée, réuni en hâte quatre-vingt-dix signatures ! Cela est foncièrement faux.

« Vous aussi, Français, apprenez à connaître les voies du Seigneur. L'Allemagne n'a pas encore eu le temps de souffler ni de reprendre connaissance en ces vingt mois de guerre. Vous admirez en secret tout ce qu'elle a accompli : armées entretenues, population civile nourrie, etc., etc. Elle travaille trop pour avoir le temps de s'occuper de prophéties ; c'est bon pour les faibles. Vous vous trompez si vous croyez que, malgré nos victoires, malgré que notre sol soit libre d'invasion ennemie et que les pays occupés par nous égalent en étendue le territoire du Royaume-Uni, nous ne considérons pas la guerre comme un malheur effroyable, dont le retour doit être empêché par tous les moyens compatibles avec une dignité avisée et intelligente.

« Contrairement à un mot malheureux [1] dit par hasard et qui, peut-être, actuellement se trouve suffisamment expié, nous voulons que les traités soient respectés, que petits et grands ne soient jamais plus frustrés des droits reconnus et garantis [2].

« *Il nous faut dormir le casque en tête, car le siècle de fer durera longtemps après la guerre.*

« Des paroles semblables et d'autres plus violentes encore datent des jours où l'on pouvait compter avec des succès de l'ennemi comme avec une éventualité possible. Mais depuis la Marne, aucun coup ne nous a frappés d'une façon sensible, depuis dix-neuf mois. Aussi pouvons-nous espérer être libérés de la cuirasse de guerre. Cette cuirasse ne saurait être enlevée ni allégée aussi longtemps que vous nous menacerez de nous anéantir par les armes, de nous boycotter au point de vue économique, de nous soumettre à un blocus. Mais si vous consentez à reconnaître avec nous que cette guerre est une tragédie de l'erreur, dont la culpabilité n'est pas celle d'un seul, mais de tous (pas dans une mesure égale, il est vrai) [3], si vous êtes prêts à contribuer

(1) « Malheureux », seulement !

(2) Ce serait très juste, si ce n'était proposé par l'Allemagne, après la violation de la Belgique.

(3) Il serait intéressant de connaître la proportion de culpabilité que Harden attribue à chacun ? L'Allemagne, sans doute, à peine 1/2 %.

à en tirer le meilleur parti possible, sans méconnaître la capacité productrice de chacun [1], alors vous nous trouverez prêts à organiser fortement les garanties d'une paix européenne. Car l'Allemand reconnaît les voies du Seigneur, sans l'aide de prophètes payés de la place publique. Où trouverions-nous l'amitié, voire la bienveillance seulement, si notre but n'était que l'accroissement de notre puissance, sans respect pour le droit d'autrui ni pour la libre individualité des nations? Quel pays, neutre encore par nécessité, pourrait souhaiter ou, au besoin, assurer la victoire d'un peuple qui n'aurait d'autre but que de soumettre à l'aide de ses canons tous les pays à sa portée, d'en exploiter jusqu'à épuisement toutes les ressources et, sans égard à la dévastation dont il serait cause, ne songerait qu'à dominer les autres et les réduire tous à l'esclavage?

« Empereur et chancelier, voici l'heure de soulever le voile qui couvre le but idéal de la guerre. Tant pis si Reuter, Havas, les espions de presse bernois de Briand, salissent l'image dévoilée et la déforment; le nombre de ceux qui les écoutent fond de plus en plus et le nombre de ceux qui ne tiennent compte que de ce que leurs propres yeux ont vu sur place augmente. La folie furieuse fait encore rage, mais moins chez nous que chez l'en-

(1) Autrement dit, en donnant la première place à l'Allemagne dont la capacité productrice venait d'être exposée.

nemi, car notre situation est meilleure. Mais peu à peu l'idée reprend son rang de grande puissance. Nous est-il permis d'abandonner à l'ennemi cette arme, la plus allemande entre toutes? Derrière l'épouvantail à moineaux qui porte l'étiquette *militarisme* se cache la crainte de voir, après la guerre, continuer la fièvre des armements, de voir l'Allemagne, après deux guerres victorieuses, en préparer sans retard une troisième, une quatrième; de lui voir laisser loin, bien loin derrière soi, ses voisins incapables de nouveaux efforts, et de ne point avoir de cesse qu'elle n'ait assuré à ses cent millions d'hommes toutes les matières premières nécessaires pour toutes les branches de l'industrie.

« Cela équivaudrait à la domination du monde et ce serait une menace pour chacun de ceux qui se trouveraient à portée de celui qui méprise les traités (1).

« Jamais telle chose ne s'est produite sur terre; jamais, autant que la raison humaine peut en juger, un tel état de choses ne pourrait durer. Personne ne songera jamais à se féliciter en songeant à la guerre qui tue des millions d'hommes, qui dévaste et appauvrit l'Europe, qui assombrit l'avenir de la race blanche.

---

(1) Phrase étrange, pouvant être interprétée de deux façons : ou bien — et c'est sans doute la pensée de Harden — cela se rapporte à l'éventualité future de ce maître du monde cédant à la tentation de ne pas respecter les traités futurs; ou bien le terme : *Pakt-Verachter* s'applique dès à présent à celui qui a mis en pratique le principe du « chiffon de papier ».

« Si, après le retour de la raison actuellement exilée, cette guerre se termine par une paix honorable, la volonté — muette encore pour le moment — de l'Allemagne est d'organiser cette paix, de l'assurer par des garanties mutuelles, voire par des gages européens. Ce serait une folie de taire plus longtemps ce vouloir de l'Allemagne, par crainte d'une apparence de faiblesse et de lassitude ; ce serait une folie qui ne pourrait rester impunie. Le mot d'ordre de l'ennemi, dit-on, n'est qu'un mot creux ? Mais il attire à lui les cœurs, il lui vaut l'alliance secrète du sentiment de nations entières. Cette guerre d'extermination serait un péché mortel, un sacrilège sans nom si elle ne brisait les liens du génie de notre continent. Si nous sommes forcés d'être vainqueurs de l'ennemi agonisant, au milieu de décombres, cette guerre sera pour nos descendants une épouvante et un héritage gros de menaces.

« Nous voulons être libres parmi des hommes libres, nous entendre avec le voisin en voisins raisonnables. Ne s'élève-t-il donc aucune voix de prophète vers les empereurs, les rois, les présidents et les ministres ? L'Allemagne apprend à reconnaître les voies du Seigneur. »

. . . .

Entr'acte. — « La nation française croit déjà suivre les voies du Seigneur. Ces voies conduisent à travers le purgatoire de l'épreuve vers la victoire lumineuse. »

Traduction d'articles de journaux français parlant de la victoire prochaine, avec cette conclusion de Harden :

« Des enfants faisaient du tapage, et ils se figuraient qu'ils accomplissaient des hauts faits de héros. »

Dans l'angoisse de l'incertitude. — Conférence des Alliés, et anniversaire du traité qui termina la guerre de Crimée. La haine de la Russie contre l'Autriche date, soi-disant, de ce moment.

Harden oublie les guerres contre Napoléon où les Russes ont chèrement payé, et plus d'une fois, leur alliance avec l'Autriche.

A présent, le « petit Gortchakoff » qui occupe le poste d'ambassadeur à Paris, a voulu se venger par cette guerre. Esquisse du congrès d'alors, d'où la Prusse a manqué être exclue pour « sa loyale neutralité ».

« Alors c'était un congrès de paix qui s'assemblait à Paris, aujourd'hui c'est un conseil de guerre. Quelle est dès lors l'analogie? C'est qu'à ce conseil de guerre l'on aura sans nul doute parlé surtout de la paix. Et Asquith aura murmuré à ses collègues, sérieux et préoccupés :

« Nous avons fait plus que nous n'avions promis
« de faire, ce n'est pas notre faute si à Paris et à
« Petrograd on attendait davantage de notre part.
« La volonté d'écraser l'Allemagne sera demain

« pour chacun et pour tous l'équivalent du désir « de suicide. Cette guerre ne peut être terminée « par des moyens militaires, ni par nous ni par « l'ennemi. Ce n'est qu'une sage entente qui com- « mande d'écouter la raison, qui peut encore ame- « ner la victoire. »

« Car de quoi l'ennemi peut-il attendre la victoire? Pas d'offensive possible en France. L'offensive russe? Les chefs russes prouvent par leur façon d'agir qu'ils n'ont rien appris depuis la retraite des Carpathes. La désunion en Allemagne? Mais l'Allemagne est si forte qu'elle peut se permettre le luxe de la diversité d'opinions. Mais nous ne sommes pas assez aveuglés par l'orgueil ni devenus assez sauvages pour nous ruer à de nouveaux massacres, alors que la raison nous appelle à nous consulter sur la paix. »

8 avril 1916.

Article sur le théâtre de Shakspeare : *Hamlet, Macbeth, Coriolan.*

Aucune allusion politique si l'on excepte la comparaison de Bismarck avec Coriolan — le premier bien supérieur au deuxième, comme de juste.

(*Globus Theater.*)

---

15 avril 1916.

I. — *Bethphagé,* la malédiction du figuier avant l'entrée à Jérusalem, le dimanche des Rameaux. Bethmann, de même, lançant l'anathème aux ennemis de l'Allemagne, à l'Angleterre, cause du blocus, tout en assurant, en même temps, que l'Allemagne n'a à craindre rien qui ressemble à la famine. A quoi bon parler ainsi ? C'est aussi oiseux que lorsque les Alliés, qui cherchent à affamer l'Allemagne, protestent contre la guerre de sous-marins et de zeppelins.

« Dans cette guerre, chacun se sert de l'arme dont il peut attendre le meilleur résultat. Il n'existe aucun droit international adapté à la forme de guerre moderne. Ce droit est encore à créer. »

Ceci sera un des « buts » de la guerre que Bethmann reconnaîtra sans doute volontiers.

Son discours nous a fait connaître une autre chose importante : c'est que la guerre doit nous rapporter des territoires nouveaux. Harden voit un très grand mérite dans le fait de déclarer dès à présent, « à l'apogée du succès, avant tout affai-

être réalisées qu'aux dépens de sa propre patrie, est une forme de maladie politique qui, malheureusement, ne sévit qu'en Allemagne.

On voudrait demander des exemples pris dans l'histoire.

« Bismarck a déclaré que jamais la Pologne ne se relèverait. Faut-il donc qu'à présent le travail de Frédéric II, de Bismarck, de Gneisenau, de ces éducateurs du peuple allemand soit effacé? Une Pologne indépendante, royaume ou république, ne pourrait être supportée par la Prusse que si elle se résignait à abandonner la Posnanie, la Prusse Occidentale et la Haute-Silésie. Une Pologne ne pourrait être reconstituée si ce n'est sur les cendres de la Prusse. Annexer la Pologne? Non. Mille raisons politiques et économiques s'y opposent. La monarchie des Habsbourg montre assez nettement le danger d'introduire trop de peuples différents dans le corps de l'État. Une Pologne indépendante ou un grand-duché de Varsovie, régi par un Hohenzollern, serait plus dangereux pour la Prusse que la Serbie ne l'était pour le maître de la Croatie et de la Bosnie. Que diraient les États confédérés si la guerre ne rapportait de territoires qu'à la Prusse seule? Un État tampon — ce qu'on prétend faire de la Pologne — ne protégerait pas aussi efficacement contre la Russie qu'un armement puissant. De plus, ce serait (si on annexait la Pologne) créer à la Russie une sorte d'Alsace-Lorraine, de

« Russia Irredenta », qui éperonnerait la mollesse de ce peuple [1].

« L'Allemagne doit se garder de laisser pénétrer chez elle plus de Slaves qu'elle n'en a déjà. Surtout, et avant tout, doit-elle se garder contre les israélites russes, effrayants par leur puissance de travail et leurs talents [2].

« Il ne s'agit pas que la guerre « rapporte quelque chose ». Bismarck, qui fut toujours l'ennemi de la politique de parvenus [3], a souvent rappelé que l'on ne devait jamais se demander ce que pourrait rapporter la victoire, mais seulement ce qui était nécessaire à l'État et ce qui devait être le résultat de la victoire.

« L'Allemagne ne combat que pour elle-même, non pour l'affranchissement des autres nations [4].

« Nous avons besoin de terres pour nos agriculteurs, de routes libres et de débouchés vers l'Océan, et, pour la langue, l'esprit, les marchandises et les traités de l'Allemagne, des droits égaux à ceux de n'importe quelle autre nation [5].

---

(1) Espérons que Broussiloff et consorts ont un peu modifié les idées de Harden actuellement.

(2) Harden est d'origine israélite. Il est étrange de trouver sous sa plume des phrases pareilles, alors que l'unique élément intellectuel en Prusse, médecins, savants, artistes, sont des juifs, sauf de *très* rares exceptions. Un livre intéressant à lire à ce sujet est *Degenerate Germany*, récemment paru à Londres.

(3) On se demande ce que Harden entend par là, si la politique de Bismarck ne lui suffit pas comme assez de « parvenu » ?

(4) Harden aurait pu se dispenser de le dire, mais il est bon que cela soit nettement défini et déclaré.

(5) Il ne pourra plus être dit que l'Allemagne ne fasse pas une guerre de conquête, puisqu'elle a besoin de terres à coloniser.

« Le chancelier a tort d'accuser les ennemis d'avoir attaqué perfidement l'Allemagne et de leur attribuer toutes sortes d'infamies, puisqu'il les engage à entamer des négociations de paix. Pourquoi ne dit-il pas sans ambage, que l'Allemagne est prête à se mettre au premier rang pour travailler à assurer la paix, pour diminuer le poids des armements? »

II. — *Béthanie.* Traduction d'articles de journaux socialistes français, principalement sur l'attitude de Jaurès envers la guerre. Sans commentaires de Harden.

III. — *Jérusalem.* L'Allemagne indirectement assimilée au Christ, vainqueur de Jahwé, Platon et Bouddha, *car la pensée, l'idée, fut toujours l'arme préférée de l'Allemagne.*

. . . .

Cette dernière assertion, soit dit en passant, est aussi absurde que toute la construction et les sous-titres de cet article : *Bethphagé, Béthanie, Jérusalem.* Le mauvais goût de Harden est vraiment étonnant. La religion du Bouddha compte plus de sectateurs que le christianisme, et, seule parmi toutes les religions, elle n'a jamais versé le sang dans sa propagande.

6 mai 1916.

LE VRAI WILSON

« Wilson n'est pas, ainsi que le crie une certaine presse allemande, un homme acheté par l'Angleterre. Que l'on jette au panier toute la soi-disant « littérature patriotique » éclose depuis la guerre et que l'on revienne à des livres qui apportent la parole claire de l'esprit. »

Revue du passé de Wilson, dont une seule phrase est à retenir :

« Ce professeur de Princetown pouvait invoquer les idées de Goethe et de Bismarck (lesquels ne sont pas, en ce qui concerne leurs conceptions essentielles, aussi éloignés l'un de l'autre que le croit le pharisaïsme ennemi ou paresseux). »

A propos des paroles du député D^r^ von Heydebrand, ultra-chauvin, Harden dit :

« Bismarck a toujours, même à l'apogée de la

victoire des armes, tenu compte de l'issue la plus défavorable comme faisant partie des possibilités.

« Ménager les neutres est une nécessité absolue. »

. . . .

Réponse à faire aux États-Unis. — Harden espère que l'importance suprême de l'heure actuelle verra M. Bethmann s'élever à la hauteur de son rôle.

« Le plus petit homme trouverait facile de faire les gestes amenant une rupture. Les ignorants et les mercenaires chanteraient ses louanges, et pendant trois jours il entendrait parler d'autre chose que du manque de beurre, etc. Et si, à la fin de la semaine, le compte ne se trouvait pas atteindre les espérances de la populace, le chancelier rejetterait la faute sur la marine, qui aurait promis plus qu'elle n'aurait, malheureusement, pu accomplir. Cette farce serait à la portée du plus petit esprit. Il faut du courage, un cœur vaillant, rien que pour prendre la décision d'agir contrairement à l'opinion artificiellement créée parmi la populace, de faire ce que la tourbe politique ne comprendra que bien plus tard.

« S'agit-il de suivre les usages des duels d'étudiants, ou bien faut-il peser impartialement la question de savoir si la plainte soumise au Gouvernement est fondée ? Ce qu'on nous demande n'est pas un aveu nouveau sur lequel on pourrait se lamenter comme sur le fait d'avoir cédé par faiblesse; on ne fait qu'affirmer que ce qui avait été promis n'a pas encore été tenu, parce qu'il n'était pas possible de le tenir, étant donnée la méthode de guerre maritime choisie. Si le fait affirmé était vrai, il s'agit de rectifier une erreur commise. Et jamais l'Allemagne ne recula devant un semblable devoir.

« ... Que souhaite l'ennemi ? C'est que nous en venions à une rupture avec les Etats-Unis (qui serait automatiquement suivie de celle avec l'Amérique du Sud). Qu'est-ce qui pourrait être pour l'ennemi un désappointement amer et le forcer sous peu à la résignation? C'est de nous voir trouver rapidement des bases inébranlables pour une entente avec l'Amérique. Si nous arrivons à une entente rapide et véritable, alors la rupture entre l'Amérique (et tous autres neutres) et l'Angleterre se produira sans tarder — sinon rupture, tout au moins querelle. Si, aveuglément, nous nous laissons entraîner à une inimitié nouvelle, nous ferons le jeu de l'Angleterre. Nous ne voulons pas faire ce que désire l'ennemi; mais nous ne voulons pas non plus avaler de pilules empoisonnées. Ni insincérité ni tergiversation. Tout combat indispensable, mais aucun combat qui puisse être évité; aucun combat dont la victoire ne soit due qu'au régime de la terreur. Si les noyades de tous les hommes sans défense, enfants, femmes, vieillards des pays neutres, étaient le seul moyen d'empêcher les neutres d'aller en Angleterre, alors des millions de bons Allemands ne se réjouiraient pas d'une telle victoire ; plus d'un brave commandant de sous-marin préférerait à un tel devoir la mort volontaire. Jamais plus l'Allemagne ne pourrait reprendre son ancien rang parmi l'humanité ni dans la société humaine. Car non seulement elle se serait affranchie du droit des nations, *mais elle aurait failli à une parole qui équivalait à un serment.* »

Tout ceci que Harden dit hypothétiquement, au sujet de l'impossibilité de considérer les torpillages de bateaux non armés, est la condamnation de l'Allemagne dans sa violation de la neutralité de la Belgique, car là aussi l'Allemagne a « failli à une parole donnée, qui équivalait à un serment ». Comment désormais reprendra-t-elle son ancien rang parmi les nations? Harden ne semble pas comprendre cette identité de situation.

« Il aurait fallu réfléchir avant de donner cette parole. Il est trop tard à présent. Si la position est reconnue comme ne pouvant pas être tenable, alors il faut sans tarder l'évacuer, tenant la tête haute comme celui qui n'est vaincu que par lui-même. Souvent déjà le plus brave des chefs militaires a agi ainsi, blâmant le général qui ne le faisait pas et ne se laissant jamais intimider par le fantôme d'un « honneur » qui aurait pu être suivi de la ruine de la nation.

« Que le glaive devienne l'outil du cerveau, et le général devienne l'aide, l'auxiliaire de l'homme d'État. Et puisque chaque jour apporte la certitude grandissante que les moyens militaires ne seront pas suffisants pour terminer d'une façon profitable l'horreur de la guerre, la nécessité nous commande à tous de revenir de nouveau à la raison, cette racine de la politique...

« Wilson désire qu'un droit international, un tribunal d'arbitrage international soient créés. Pouvons-nous le mépriser pour cela ? Des millions d'hommes se rangeront demain sous sa bannière. Puisque chaque homme a reconnu que la coalition même la plus forte est impuissante à nous renverser, même dans une guerre d'usure, nous pouvons, sans crainte d'être méconnus, nous reconnaître prêts à accepter une paix organisée, qui laisse à chaque État ses droits souverains. Si la réponse à la note américaine exprime cette volonté en une forme digne de la grandeur du sujet, alors nous aurons fait un grand pas en avant, et dès l'été le fantôme du militarisme pourrait avoir la tête tranchée (Mais la forme à donner à la réponse devrait être sans jactance comme sans étalage de méfiance).

« La poignée de déclarations de guerre n'affranchit pas le cinquième chancelier de la réputation de chercher à concilier la politique avec l'éthique.

« L'histoire et le génie de l'Allemagne lui devront de la reconnaissance si, à présent, cette tendance qui passait pour une faiblesse devenait une force gigantesque. »

---

13 mai 1916.

MOYENS DE VIVRE

Le cerveau et le glaive. — Parallèle entre Bonaparte et Bismarck. Au sujet de Bismarck :

« Lui aussi il savait que partout le droit résultait de la puissance. »

Et une autre phrase :

« L'Allemagne doit choisir entre les voies de Bonaparte et celles de Bismarck. Si elle veut le triomphe (c'est-à-dire le malheur certain de ses descendants), alors il lui faut se séparer du reste de l'humanité, menacer de l'épée tous ceux qui la regarderont d'un regard hostile, continuer la guerre un an, deux ans encore, jusqu'à ce qu'il soit possible d' « évacuer » et d' « annexer » à droite et à gauche. Mais si elle veut revenir à la raison majestueuse qu'elle a possédée, alors il lui faut sans retard se rendre nettement compte que les moyens militaires ne pourront amener la guerre que tout au plus à un armistice.

« Celui qui, au vingtième siècle après Jésus-Christ, oserait se décider à employer des procédés de guerre dont les armées de Hammurabi et d'Agamemnon auraient honte, celui-là n'aurait pas à s'étonner si le petit cercle de la conscience humaine se dressait contre lui en pointes de fer (1).

« L'Amérique du Nord se rangerait à coup sûr du côté de l'Angleterre en cas de guerre sous-marine vraiment efficace. Et l'Amérique du Sud ne tarderait pas à le faire aussi. Et alors les quelques États neutres de l'Europe se verraient forcés de se ranger du côté du parti belligérant dont, dans ces conditions, la victoire leur paraîtrait assurée. Alors l'Allemagne se trouverait en guerre contre le monde entier, avec deux ou trois compagnons à ses côtés. C'est ce que les politiciens ont compris. *Mais malheureusement pas assez à temps.* »

Au sujet de la note aux États-Unis :

« Jamais un document exigé par le devoir international ne saurait être réussi, lorsque les deux tiers en sont destinés à se courber servilement devant des questions de politique interne. Pourquoi avoir parlé des souffrances qu'aurait à endurer la population par suite de rareté de vivres? Ce que le peuple, la partie du peuple vivant dans l'ombre

(1) Ceci, au sujet de la guerre sous-marine, ou plutôt du blocus de l'Angleterre.

(l'ignorance) peut croire, n'est pas à sa place dans une note que le monde entier examine avec méfiance. Plus important que la note est l'ordre qui a été donné aux chefs maritimes d'avoir à revenir à la guerre de croiseurs. Ainsi, il est donné satisfaction à la principale demande des États-Unis et, en dépit des phrases dolentes ou bourrues, une rupture est évitée. La question serait-elle moins favorable si, dès le début, les sous-marins n'avaient servi qu'à la destruction d'unités de combat? Avons-nous eu un avantage quelconque à ce que quelques centaines d'Anglais et de neutres aient été noyés? La limitation (incommode, mais non insupportable) du commerce maritime de l'Angleterre compense-t-elle le tort que nous a fait dans l'opinion du monde entier la guerre contre des bateaux sans défense? Que chacun réfléchisse à ces trois questions. La mauvaise humeur générale par rapport à la note et à ses conséquences n'a aucune utilité. Nous devons aller de l'avant; sortir de la recherche de triomphe pour revenir à la raison; abandonner le militarisme pour la politique. Sans quoi, les impondérables feront pencher la balance de l'ennemi. Seuls, les hommes et les peuples dont l'âme est aveuglée vivent de pain seulement. Et l'unique conquête qui dure est celle de la pensée. »

Psalter und Harfe. — En souvenir de von der Goltz. Citation d'articles de Clemenceau, au sujet du rôle du Kronprinz devant Verdun. Une phrase de Harden, niant que Haeseler soit le chef effectif, au lieu du Kronprinz :

« Que cette calomnie continue à circuler avec toutes les autres, pendant que le prince se contente de rester calme et silencieux. »

Critique d'une allocution du pasteur Doehring, aumônier de la Cour de Prusse :

« Depuis l'appel au *monde civilisé*, cuisiné à la hâte par deux faiseurs de théâtre, dont plus d'un signataire s'est repenti trop tard, aucune prose allemande n'a provoqué une explosion de moquerie à l'étranger. »

La viande et les os. — « Le peuple allemand ne trouverait pas difficile d'agir s'il pouvait être sûr de sa nourriture du lendemain. Mais au lever du soleil, elle ne lui est pas encore assurée pour midi. Cela ne saurait continuer ainsi. Nous perdrons la partie (la guerre) si nous n'avons pas dans le pays suffisamment de nourriture pour parer à la famine ; et les lamentations du vaincu sur la cruauté de celui qui l'aurait affamé ne feraient qu'ajouter la honte et la moquerie à la défaite. Nous sommes en danger de perdre la partie si l'ennemi peut seulement croire sincèrement que la famine puisse réduire graduellement nos forces ; tout meurtri, il fera traîner en longueur la lutte, jusqu'à ce que les ailes mêmes de notre jeunesse, inlassable cependant, se trouvent paralysées. Et comment ne croirait-il pas à ce dont à sa place nous ne pourrions douter ? Il n'a qu'à lire les ordonnances officielles. Cartes ; jours sans viande, etc. ; numéros ; timbres ; aucune assurance d'obtenir, même muni de son morceau de carton, le demi-quart de viande promis comme ration du jour, même à un prix difficile à payer. Cela ne peut pas durer ainsi. Ce qui a été ne saurait être défait. Aucune erreur n'a été évitée. Inutile de chercher des hommes expiatoires. Mettre son espoir en la moisson prochaine ? Mais l'automne dernier on disait : « La récolte a été une « bonne récolte moyenne. » En hiver : « Depuis « des dizaines d'années, il n'y en a pas eu d'aussi « mauvaise. » Qui pourrait garantir la récolte prochaine ? »

Le vrai moyen de remédier serait de créer des centres de vente des produits alimentaires, préconisés par Harden, il y a six ans déjà. Il y a trois mois, soit en février 1916, Harden proposait de confier le ravitaillement des villes aux syndicats qui connaissent l'épargne et traiteraient l'accapareur avec la même sévérité que le grand producteur agrarien.

« Pas de bureaucratie : seul un dictateur peut sauver la situation. Dictateur obéi par toutes les autorités urbaines, rurales, dans le pays entier. La nécessité, le besoin du peuple priment les droits des particuliers ; c'est le premier commandement. Il ne saurait plus être toléré que, dans une contrée, il y ait abondance de tel ou tel article, alors qu'ailleurs il y ait disette. Que chacun puisse recevoir à prix fixe ce dont il a besoin. Qu'une chaîne de syndicats de l'alimentation [1] se forme dans toute l'Allemagne. Que chaque détaillant devienne acheteur ou vendeur à l'État, à la Centrale de l'État. Manquerait-on de personnel ? Le Parlement forcerait au travail tous ceux qui n'ont pas d'obligations militaires. »

Où serait l'homme pouvant convenir pour ce poste de dictateur ? Harden n'en voit qu'un seul : l'amiral von Tirpitz, dont le chef d'état-major serait von Rathenau, celui qui a assuré les matières premières à l'armée.

« Hâtez-vous, car l'Allemagne ne veut pas sombrer, victime de la haine, de la superstition de l'ennemi, superstition nourrie par l'étourderie allemande. L'Allemagne veut, sans gémissements, être, dans son action, digne de la grandeur de sa destinée. »

(1) Syndicat n'est pas exactement le terme pour *Genossenschaft* dans le cas dont il s'agit ; c'est plutôt « association ».

20 mai 1916.

BERLIN ET PARIS

Secrétaires d'État. — A propos de la nomination de Helfferich, article pas très enthousiaste, rappelant que, quel que soit le secrétaire d'État, la responsabilité pèse sur le chancelier.

Magasins pour la centralisation des produits alimentaires. — Nécessité de pourvoir à l'alimentation de la population. Projet proposé par Harden, il y a déjà six ans, à savoir la création de grands magasins de l'alimentation, à l'instar des grands magasins de nouveautés, Wertheim, etc. Entreprise municipale ou privée, permettant de vendre à meilleur marché que ne peut le faire le petit détaillant.

Les assiégés. — Traduction de passages du *Journal des Goncourt,* concernant le siège de Paris et l'alimentation à ce moment-là.

Le serpent Python. — Traduction d'un discours de M. Poincaré et de paroles de Maeterlinck qui

« font le silence sur tout ce qui ferait retomber un blâme sur leur parti ». Même Grey (chez qui, en sa qualité de descendant des Normands, la volonté d'être équitable est plus accusée) a mal interprété un mot de Clausewitz.

« Les Alliés ne veulent-ils pas se souvenir de la bonne déesse Maïa Fatua qui transformait la mort en vie? »

APRÈS DEUX ANNÉES

L'article de la *Zukunft* (n° 44, du 5 août 1916), que nous avons eu la bonne fortune de nous procurer, a été interdit par la Censure en Allemagne. La publication a été saisie à sa sortie de la presse, et quelques rares exemplaires seulement ont pu échapper à la destruction.

Cet article, qui ne comporte pas moins de vingt-neuf pages de texte serré, est l'un des plus violents de Maximilien Harden, malgré sa violence accoutumée.

Prenant à partie amis et ennemis, confondant les causes et les effets, il ne voit plus qu'une chose, telle qu'elle est : la guerre... la guerre terrible.

Alors, la plume levée vers le ciel, il se prend à fulminer contre les auteurs de la cause et les auteurs des effets. Il se donne des allures de prophète antique et annonce des choses... qui ont fait peur à la censure du Kaiser.

Ces choses, que le hasard a mises entre nos mains, nous les soumettons ici au public français, qui s'y intéressera, nous en avons la certitude.

Le style grandiloquent et imagé du polémiste, ses citations interminables, risquant d'allonger sans raison notre article, nous n'en donnerons que les passages principaux.

Déjà le 11 juillet 1914, Harden écrivait :

« Sommes-nous en train de forger des matériaux pour de nouveaux chants héroïques et douloureux ?

« Tout un monde devra-t-il s'abîmer dans le sang parce qu'un innocent est tombé, tué par la main d'un adolescent ivre de rêves utopiques ? »

Ces pressentiments sont devenus des réalités.

« ... Et voici que l'incendie dure depuis vingt-cinq mois, et que nulle part on ne voit poindre l'espoir d'arriver à l'éteindre ; on n'en voit pas la fin !

« ... Longue est une nuit ! plus longues en sont deux. Comment pourrai-je durer trois nuits ? — De même que je durai deux nuits, conscient de la dure nécessité, agrippé au roc de la volonté de vaincre, et décidé à vaincre la Destinée par le Glaive ! »

Le second point traite de la genèse de la guerre. Harden récapitule minutieusement tous les pourparlers qui suivirent l'assassinat de l'archiduc François-Ferdinand ; il expose les conversations internationales ayant pour but d'éviter la guerre.

Sa conclusion définitive est inattendue :

« Ce sont les représentants des deux puissances

occidentales [1] qui ont apporté dans la maison de Kaunitz des déclarations de guerre ; elles n'en ont pas reçu de sa part. »

Le troisième point, intitulé *Le Cantique des Cantiques,* est une charge à fond contre la presse des Alliés que Harden compare au chantre de Salomon :

« Les puissances, au début de la troisième année de guerre, vantent les progrès de leurs alliés et leurs propres progrès, et racontent combien tout va mal chez l'adversaire.

« Est-ce bien vrai que la Russie ait interdit la vente de l'alcool ? A distance, on ne peut vérifier l'exactitude des prétendus effets bienfaisants de cette prétendue interdiction.

« Il faudrait pouvoir certifier le chiffre grandissant des dépôts dans les caisses d'épargne, le plus grand rendement des industries, leur développement. On prétend que ces états de choses sont les résultats de cette interdiction de l'alcool... tout cela a besoin d'être confirmé.

« Toutefois, l'effort du peuple russe, de son armée, est un exemple à retenir de la nécessité qu'il y a à mettre un frein à l'ivrognerie.

« Tout va bien chez les Alliés ! En vérité, c'est admirable ! Tout ? Même les finances de l'Italie ? Une certaine presse alliée est vraiment amusante.

(1) France et Grande-Bretagne.

« Mais, à côté de ces optimistes exagérés, un autre groupe critique tout, surtout en France, et particulièrement à Paris.

« La presse continue à insulter l'armée allemande. Cela vous étonne-t-il ? Flaubert, qui fut grand à sa façon, et qui était sérieux, n'a pas, il y a quarante-cinq ans, fait autre chose ! »

Harden cite une lettre de Flaubert à Feydeau.

Plus loin, il cite le prophète Isaïe :

« D'après Isaïe, en l'an 700 avant Jésus-Christ, les ennemis mortels étaient traités avec plus d'équité qu'ils ne le sont actuellement par aucun des écrivains ou orateurs de l'humanité civilisée à outrance.

« Et où en est-ce chez nous? Quel est l'état d'esprit dans la patrie allemande qui n'a pas été envahie après deux ans de guerre? En somme, l'état d'esprit n'est pas sensiblement différent de celui qui régnait après les six premières semaines de la guerre : confiance et impatience. »

A ce moment-là, dans un article qu'il cite, Harden écrivait :

« *On entend tous les jours poser cette question : Quelle sera la partie de la terre que l'Allemagne pourra prendre et peupler après la victoire?* »

Mais, de lui-même, il trouvait ces questions prématurées et que le moment n'était pas encore venu de partager la terre.

Il continuait :

« *Voici l'automne, et ce n'est que le commencement de la guerre. Trois puissants pays, hier encore les plus puissants, cherchent encore à nous anéantir.* Et l'esprit le plus subtil ne saurait prévoir si demain un nouveau compagnon n'arrivera pas dans leur camp.

« Tout le monde sait que ce ne sera ni une province ni un monceau d'or qui paiera la rançon du vaincu, tout le monde sait que dans cette guerre-ci il ne s'agit que de force et de faiblesse, de vie ou de mort.

« Chacun luttera jusqu'à ce que l'agonie paralyse ses membres. Nul n'est tout à fait faible, tout à fait lâche, tout à fait pitoyable. Il n'en est pas qu'il faille arracher, telle une mauvaise herbe, de son sol natal.

« Les actes de notre haut commandement et de nos armées nous permettent d'espérer avec raison que la France et la Russie seront vaincues. Mais elles ne le sont pas encore, et plus d'une possibilité de changer ce destin leur est encore ouverte. Pourquoi, sous quelle pression, concluraient-elles bientôt la paix ?

« La Russie (dont, en attendant, l'armée campe profondément en Galicie) pourrait perdre toute la

Pologne, elle reculerait jusqu'à la Néva... jusqu'à la Moscowa... jusqu'à Yakoutsk ou Vladivostok!

« La France serait obligée d'héberger nos troupes, des millions d'hommes, de subir l'administration allemande, de renoncer au recrutement... Mais elle aurait expédié son or de l'autre côté de la Manche.

« Et ses colonies?

« Prenez-les-lui, si vous pouvez y atteindre!

« C'est ce que nous ne pourrions faire qu'après avoir vaincu l'Angleterre. Comment aboutir à cela?

« La faveur du Ciel et les hasards heureux peuvent nous y aider : révolte dans les Indes; invasion turque à Suez; incendies et grèves à outrance dans le Royaume-Uni; bataille navale meurtrière, ne laissant subsister de la marine britannique qu'un petit nombre d'unités incapables, quoique renforcées par les marines de France, du Japon, d'autres encore moins importants, de reformer une marine digne d'une grande puissance.

« Or, l'Angleterre ne souffre pas encore. La vie y reste normale : courses de chevaux, cricket, football. Londres n'a pas changé d'aspect. Les bateaux (en août, pour l'Amérique seule, soixante-cinq départs!) partent et arrivent régulièrement. Le commerce s'empare même de certains marchés qui étaient allemands, dont il prend la clientèle, et se vante de nous supplanter, sous peu, partout!...

« ... Nous ne voulons pas « avoir été », nous voulons « être ». Ne rien attendre ni de la faveur du Ciel ni du hasard. Nous ne sommes pas encore près du but. Des obstacles de toutes sortes peuvent se dresser devant nos armées, mais aucun ne pourra les arrêter. Veillons à ce qu'elles ne manquent de rien par notre faute, et, en dehors de cela, n'ayons point de soucis.

« Nous verrons plus de maladies et de misères que pendant bien des années de vie normale. Préparez-vous, résignez-vous d'avance à traverser des temps difficiles. Ne demandez pas comme hors-d'œuvre de chacun de vos repas un nouveau bulletin de victoire, et, s'il manque, n'en soyez pas abattus.

« N'allez pas vous imaginer que le partage de la terre soit proche et que nous en ayons déjà fini ! Paris, Vilna, Varsovie... c'est très beau, mais ce n'est pas décisif; l'ultime décision ne pourra être arrachée qu'au sang figé et à la peau coriace des Anglais.

« La guerre n'est ni un sport ni un massacre, selon des règles prévues et déterminées. C'est une succession de souffrances et de bonheur. Pour être sacrée pour un peuple, une guerre doit être une suite de douleurs communes.

« Que chaque aube qui se lève sanctifie à nouveau cette guerre, voilà le vœu fervent de tout cœur patriote. Sans cela, comment ferions-nous pour traverser le ténébreux hiver qui arrive, menaçant?

« Il est des gens qui parlent de l'admirable déploiement de l'ennemi; cependant ils ne peuvent retenir une grimace douloureuse en apprenant que tel corps tourné en dérision est fort capable de se défendre.

« Nous ne ferons pas comme eux.

« Il nous faut aller de l'avant, non point la main dans la main, comme dans des contes de fées ou des récits pour petits enfants, mais côte à côte, tous solidaires, le faible s'appuyant sur le fort.

« C'est seulement ainsi que l'énorme tâche pourra être accomplie... Alors nous serons dignes des combattants !... »

Après une longue citation de son ancien article, Harden reprend la suite de ses idées :

« Bien des gens, ayant lu les lignes ci-dessus, dans la sixième semaine de la guerre, les ont jugées inspirées par un esprit pessimiste. Or, nous ne sommes plus encore en automne, mais au troisième été...

« Nulle part, nous ne voyons poindre de signes prometteurs de la paix avant l'hiver. La paix ! Qu'ils la demandent donc, les hurleurs ! La paix qui raierait de la carte du monde deux États, qui prendrait à l'un son élément, à l'autre son minerai, qui fermerait au troisième État la partie la plus lumineuse de la terre !

« La condition préalable de cette paix est l'humiliation (par suite de l'écrasement de l'une d'elles) de ces trois puissances devant l'Empire allemand.

« Combien de temps dureraient cette infériorité et cette humilité? Une greffe vive de nationalités étrangères sur le tronc de la Germanie donnerait-elle à celle-ci une nouvelle force? Ou bien l'affaiblirait-elle? L'annexion, sous son ancienne forme, a-t-elle jamais été, au dix-neuvième siècle, en Europe, un avantage pour un État?

« Nous ne pouvons discuter aujourd'hui toutes ces questions.

« La Russie a de nouveau ses armées en Galicie, au pied des Carpathes...

« ... L'élan merveilleux de la France est-il prêt à faiblir? Sans faire de vains pronostics, attendez; ce pays déchiré porte encore fièrement les couleurs d'une décision farouche.

« Après une forte saignée, la Grande-Bretagne n'a plus l'entrain du second été, mais elle a une armée nombreuse et accoutumée à la guerre; elle a l'espoir d'être la plus forte et de régner en maîtresse sur un continent en ruines (surtout si elle peut s'allier, au prix de la cession du Canada, avec sa florissante descendante : les États-Unis).

« Les deux puissances occidentales ont déclaré que loin d'être leur ultime effort, leur effort actuel n'était qu'un essai, qui serait suivi d'autres plus puissants. Peu importe que ces paroles soient une constatation ou une fanfaronnade.

« Mais nous n'en sommes pas encore au partage de la terre.

« L'action du peuple allemand, que chaque nouveau soleil fait briller comme un miracle quotidien, cette action a réveillé brutalement les nations somnolentes ; elle a profondément enfoncé l'aiguillon dans les bourrelets de graisse des riches héritiers. Dorénavant, ce seront des gens éveillés qui, partout, nous entoureront et lutteront avec nous.

« Le désappointement de voir toujours aussi lointain le but que déjà l'on croyait proche pourrait seul nous affaiblir, nous, ceux de l'arrière. Alors il faudrait nous cacher honteusement devant les regards interrogateurs des combattants.

« La mer de feu n'en est pas encore au reflux.

« Lorsque monture et cavalier, changés en vivant tourbillon de flammes, seront devenus insensibles à l'ardeur du feu comme au souffle du froid, alors viendra le printemps allemand. »

---

7 avril 1917.

CIERGES DE PAQUES

Crucifixion de Jésus. Nicodème, Joseph d'Arimathée, « les tièdes », qui veulent rester en bons termes avec les deux parties.

« Souvenez-vous d'eux, Allemands, armez-vous du courage qui sied aux hommes libres, car il leur faut un courage autre que celui des valets d'armes soumis au chef des hordes. Armez-vous pour l'aurore qui verra enfin l'esprit s'élever hors du sombre caveau verrouillé. A vos foyers, luttes pour l'Allemagne. »

Nécessité de la séparation de l'Église et de l'État. — « Pratiquons-nous la doctrine que confessent nos lèvres ? Nous ne pouvons la pratiquer. Elle défend tout ce qui nous rend puissants et riches, tout ce qui fait une vie active et créatrice de valeurs. Et, parce que vous n'agissez pas comme vous parlez, les incrédules se moquent de vous et l'unité de la nation n'est pas réalisable, La chasse aux prêtres n'est plus de mise et, depuis longtemps, il ne s'agit plus de savoir si, en bonne conscience, nous pouvons nous dire chrétiens. C'est une question brûlante de savoir si nous voulons encore faire passer ce plus beau de tous les mythes pour le compendium des règles qui dirigent notre vie; s'il ne faut pas épargner à nos enfants la découverte terrible que le catéchisme ne les mènera pas loin dans la réalité de la vie ordinaire. Et cela, dans aucun domaine : ni dans l'armée, ni dans la chaumière, ni dans le palais princier, ni dans le comptoir du commerçant.

« En France, la calotte est par terre. Pour toujours? Qui sait? ? nos descendants entendront peut-être encore parler des *gesta Dei per Francos*. Il n'en reste pas moins le fait acquis que la France, ce pays d'expériences de l'Europe, a osé cette révolution-là aussi.

« ... Il faudrait au moins dix ans de calme travail, de préparation pour obtenir la sécularisation de la Prusse. De la Prusse seule, non pas de l'Empire... Tant que l'État se dressera, dès le banc de l'école, selon le schéma mosaïque, il n'y aura rien à craindre de la droite, rien à espérer de la gauche. Et au centre, tout restera tel quel.

« ... Nous ne voulons plus que, dans le pays de Helmholtz, le culte et la culture soient encore *dirigés* par n'importe quel monsieur pommadé pour qui les penseurs et les poètes de l'Allemagne sont lettre morte. Mais il faut des gendarmes. Et en si grand nombre que leur quantité pourrait choquer s'ils portaient tous vos couleurs. Alors c'est le pasteur qui doit surveiller sa paroisse.

« ... La lutte pour la culture allemande doit être menée contre les gouvernants et non contre un parti. Veillez à ce que le Gouvernement soit fort et juste. Éliminez autant qu'il est humainement possible la révoltante inégalité qui existe dans la façon d'armer les enfants en vue de la lutte pour l'existence. Ouvrez toutes les carrières aux talents. Traitez l'ouvrier comme un gentleman ; lors même que vous défendez vos droits contre lui, traitez-le comme votre égal. Car jamais plus il ne sera votre esclave.

. . . .

« ... Nous aurons de grands partis et de fortes coalitions aussitôt qu'on se décidera à donner à de semblables organismes la possibilité de gouverner. Ne s'y déciderait-on pas, le *Parliamentary Government* peut être obtenu par la force sans changer les lois.

. . . .

« L'Allemagne n'est pas si pauvre en talents politiques que l'on croit. Si le Parlement gouvernait, ils s'y presseraient en foule. Les hommes éminents ayant créé quelque chose — ayant par conséquent quelque chose à perdre — chercheraient à y obtenir un siège, car ils pourraient espérer laisser dans la patrie une trace profonde de leur activité. Ministres et secrétaires d'État pourraient suivre librement leurs convictions intimes, car leur destinée ne dépendrait pas du geste d'un seul, et ils quitteraient le pouvoir pour un siège à la Chambre et non pour l'exil.

. . . .

« Notre Reichstag n'est qu'un ornement, un ornement qui ne réjouit même pas les yeux. Il peut accepter ou refuser, mais sa volonté n'a pas de puissance créatrice. Actuellement, c'est par la volonté d'un seul mortel qui n'est ni omniscient ni omnivoyant, que les postes les plus importants sont répartis parmi les membres de la couche sociale restreinte que son œil peut apercevoir du haut de la cime... Bons derniers parmi tous les autres peuples d'Europe, nous devrions enfin nous décider à essayer du contraire. Les choses ne pourraient pas aller plus mal que jusqu'à présent.

« ... L'étiquette « Made in Germany » est la meilleure recommandation pour chaque genre de marchandise. Et un peuple ayant atteint de tels résultats aurait encore besoin de tutelle ?

. . . .

« France, Russie, Angleterre, etc., etc..., Amérique, sont contre nous : environ 1 milliard d'hommes. Les neutres de trois parties du monde nous accusent, tout haut et tout bas, de violation brutale du droit des gens. La Chine (environ 340 millions d'hommes) brise net les rapports diplomatiques avec l'Empire allemand. Le Gouvernement qui n'a pas su éviter un tel soulèvement peut-il se croire meilleur diplomate que ne le serait une démocratie ?

« ... Le peuple qui, du premier au dernier, jusqu'au tailleur bossu et la servante boiteuse, a été mobilisé pour le salut du pays, ce peuple ne connaît plus la crainte et ne pliera jamais plus comme un enfant docile. Jubilez ou pleurez : quelle que soit l'issue de la guerre, il est certain que l'Allemagne ne pourra plus être gouvernée que par la volonté du peuple. Dès à présent, un programme démocratique élaboré avec intelligence réunirait des suffrages innombrables. Ce n'est pas une époque pour les hommes d'Arimathée, pour les tièdes. L'Allemagne veut ressusciter des ténèbres.

. . . .

« On nous dit qu'un changement rendrait la guerre plus difficile. Par contre, peut-on répondre : il faciliterait la paix, à la condition d'être librement consenti, spontané ?

« ... Les chefs de nos ennemis repoussent toute perspective de paix, parce qu'ils craignent que l'Allemagne ne continue à s'armer jusqu'au moment où elle sera prête à une nouvelle guerre pour dominer le monde. Mais cela n'était possible qu'au temps de la brume ; cela ne pourrait continuer dans la clarté. Pour les hommes et les femmes des temps nouveaux (1), une guerre d'extermination serait péché mortel. »

---

(1) Harden ne dit pas si ces « hommes des temps nouveaux » existent déjà en Allemagne.

14 avril 1917.

POUR LES TEMPS MEILLEURS

Message de l'Empereur rédigé en son nom par Bethmann (réorganisation du suffrage en Allemagne). Harden en fait la critique, sans toucher au souverain, mais en portant ses attaques contre les dirigeants.

« ... Il nous faut une action rapide et courageusement prévoyante, non pas de promesses, de nouvelles promesses. Toute hésitation peut devenir fatale.

« ... Droit de vote égal pour tous les hommes et les femmes qui gagnent leur vie. Vote direct et secret. Serait-il encore possible de refuser le droit de vote aux femmes après tout ce qu'elles ont fait depuis la guerre ?

« ... Il serait possible d'entamer dès cette année les négociations pour la paix si, des deux côtés, on pouvait faire disparaître l'idée qu'une décision pourrait être obtenue par les armes : et c'est dans ce cas-là seulement que la paix serait possible sans effondrement de l'une des parties. »

Après avoir énuméré les succès des Alliés, dont le plus grand est l'entrée en guerre de l'Amérique :

« Un homme de sens rassis, s'il ne veut pas rougir devant nos soldats, peut-il encore prétendre que de tels résultats obtenus au cours de ce trimestre aient fortifié chez nos ennemis l'aspiration vers une *paix à tout prix*?

« ... Un peuple conscient de ses droits ne se laisse pas prescrire par l'étranger la meilleure voie à suivre. Mais il ne s'humilie pas non plus en prêtant l'oreille à ce que dit une voix ennemie qui parle au nom de 1 milliard 300 millions d'hommes...

« Pas d'arrêt parce que l'ennemi veut l'action; car alors, par son astuce, il pourrait se rendre maître de nos destinées. Mais, si la conscience humaine éclaire en s'élevant l'Allemagne à son tour, alors il y aura ce que l'ennemi ne réclame que trop et ce dont nous sentons la nécessité : l'affranchissement de la volonté du peuple. Et alors l'Allemagne saura pourquoi ses plus chers enfants auront souffert et seront morts. »

28 avril 1917.

LE MILLIÈME JOUR DE LA GUERRE

Résumé de la situation générale. — « Lorsqu'on parle de manque de vivres en Angleterre, ce pays le plus puissant de la terre, lorsqu'on nous parle de sa ruine prochaine, ce ne sont que les échos artificiellement grossis de souffrances dont nous-mêmes nous souffrons depuis douze fois plus longtemps. »

Publication du rapport sur les Dardanelles. — « Seul, peut se permettre une semblable mesure d'épuration et de véracité, un peuple qui se gouverne lui-même et qui peut chasser les mauvais administrateurs, les ministres incapables, les généraux menteurs. »

L'Amérique ne peut avoir aucune estime pour un peuple qui toléra le commerce d'hommes dont s'occupaient ses princes, principalement le duc de Brunswick et le landgrave de Hesse-Cassel.

« N'est-il point compréhensible que la Nouvelle-

Angleterre et les autres États américains n'avaient guère d'estime pour un peuple qui toléra en silence une telle peste princière et dont les enfants n'étaient guère connus dans le Nouveau Monde que comme mercenaires pour le champ de bataille, la maison ou la ferme. »

Parlant du rôle de Steuben (organisateur de l'armée de la Révolution américaine) :

« L'humanité lui doit une reconnaissance plus grande qu'à aucun général qui sacrifie des centaines de milliers de vies humaines à l'ambition d'une dynastie ou d'une caste, qui laisse massacrer des milliers d'hommes pour ne pas perdre son pouvoir en avouant que la victoire ne pouvait plus être obtenue. »

Citations tirées de discours divers d'hommes d'État. — « Blâme à la presse qui insulte le président Wilson : Ce serait une bêtise et une coupable erreur de nier qu'actuellement, — et malgré les injures que lancent contre lui deux anciens directeurs (remerciés) de la banque de Darmstadt et autres gens qui égaient notre existence, malgré tout ce que la colère compréhensible de l'Allemagne peut élever d'accusations contre lui — le président Wilson est, sur terre, l'homme de confiance, le favori d'une écrasante majorité qui grandit de jour en jour... Seuls, des cerveaux de militaristes

— aussi peu guérissables que les jambes torses et les hémorroïdes des tailleurs — ont pu donner naissance à l'idée grotesque que l'Amérique ne songe pas à une guerre avec l'Allemagne et s'arme uniquement contre le Japon et le Mexique. »

L'offre de paix de l'Allemagne. — « En décembre, le président Wilson reçoit l' « offre de « paix » des puissances de l'Europe Centrale, cette expression (qui n'a pas été conçue selon l'art du psychologue) d'une bonne volonté gardant le silence sur tout ce qui est essentiel. »

Nécessité pour le Reichstag de devenir le véritable représentant de la nation. Ses pouvoirs constitutionnels le lui rendent possible.

« Notre Empire possède une inégalité révoltante en ce qui concerne les élections, mais, pour les hommes tout au moins, des droits plus étendus que la plupart des démocraties ; le champ d'action de son empereur (le premier avait l'habitude de dire de lui-même qu'il n'était qu'un neutre) est plus étroitement circonscrit sur les points principaux que celui du président des États-Unis. Si les fractions du Reichstag ne craignaient pas d'être des hommes, il pourrait se constituer une majorité qui prendrait au sérieux les questions budgétaires et qui, au lieu de dorloter une Excellence dont l'incapacité est cent fois démontrée, lui refuserait carrément sa solde ; cette majorité, uniquement soucieuse du bien de l'État, obtiendrait rapidement un changement du personnel ; elle pourrait, avant d'accorder le moindre crédit militaire, exiger qu'on lui soumette tous les documents, pour juger elle-même s'il s'agit de malheur inévitable ou évitable, d'agression ou de défense, de folie ou de raison. Le Reichstag a toujours pu et peut encore ; mais il ne veut pas et n'a jamais voulu. Il n'a été et n'est pas impuissant ou enchaîné ; il est responsable, il porte sa part de chaque faute.

« L'entrée en guerre de l'Amérique est l'événement le plus important qui se soit produit depuis le 4 août 1914. Ce n'est que l'aveuglement (qui comparait les soldats anglais à Falstaff) qui peut dire à présent avec dédain que l'Amérique est impuissante à faire quoi que ce soit. Ce pays, avec ses richesses incalculables sous tous les rapports, aura une influence des plus considérables sur la guerre et sur la paix, à moins que la guerre ne se termine avant son entrée en ligne.

« Même si l'armée russe se débandait entièrement, le milliard d'hommes qui accusent l'Allemagne d'être le violateur du droit des peuples ne s'en iront pas docilement à leurs foyers, avant que les États-Unis aient lancé leur épée sur la balance et que cette épée ait été trouvée trop légère. Que faire jusqu'à ce jour très éloigné, problématique ? Ni plaintes, ni mensonges, ni illusions. »

Changer les choses d'Allemagne, de telle façon qu'elle se trouve la première à se diriger vers le but offert aux nations par Wilson, non parce qu'il l'a offert, mais parce que c'est une nécessité si l'Allemagne ne veut pas être exclue de la société des nations. La paix future ne pourra pas être conclue par un prince seul ni par une dynastie, mais par le peuple allemand tout entier.

---

5 mai 1917.

LE MOIS ROUGE

Réponses à divers correspondants.

Harden nie avoir jamais écrit ce qu'on lui attribue, à savoir cette phrase : « A quoi bon de misérables excuses? Oui, nous avons provoqué la guerre. Nous nous réjouissons de l'avoir fait. Nous avons provoqué la guerre parce que nous étions sûrs de la victoire. Août 1914. »

Il ne l'a jamais écrit et n'a jamais caché que l'entrée en Belgique lui semblait une erreur fatale, non pas uniquement au point de vue politique.

La paix de la forteresse (*Burgfriede*, équivalent allemand de l' « Union sacrée »). Ce mot date des temps féodaux où la forteresse appartenait à un seul homme, à une seule famille, et les valets, les vilains n'avaient qu'à se soumettre. Cette expression, appliquée à un pays assiégé (dont tous les enfants ont été appelés à travailler chacun à son poste, à la défense de la patrie), employée pour exiger une soumission muette, pour exiger que ces hommes attendent sans un mot qu'une volonté infaillible décide de leur sort, doit être remplacée par le mot de Posa : la « paix du cimetière ».

. . . .

« Ne serait-il pas plus intelligent de ne pas mépriser orgueilleusement tout ce qui est nouveau, tout ce qui serait encore possible? Ne serait-il pas plus sage (et non plus lâche) de rechercher sérieusement, *dès à présent,* chaque occasion de conclure une paix honorable? L'occasion qui avait été entrevue en Orient a été manquée. Qu'en advient-il en Occident? »

. . . .

Harden s'évertue à démontrer que l'Angleterre a absolument besoin d'une Allemagne puissante et que, si l'Allemagne était vaincue, l'Angleterre ne pourrait se défendre contre la France et la Russie.

« Qu'est-ce qui a fait taire l'inimitié séculaire entre Français et Anglais (Jeanne d'Arc, Napoléon, les Boers, Fachoda), entre les Anglais et les Russes? leur haine commune pour l'Allemagne. Cette haine fonda l'Entente; Édouard VII ne fut que le régisseur habile qui s'empressa de la mettre aussitôt en scène. Ce n'est qu'en sa qualité d'aide éventuelle contre l'Allemagne (et d'aide la plus forte de toutes en Europe) que l'Angleterre s'est vu courtiser en Orient et en Occident. Ces hommages deviendraient inutiles dès l'instant où l'Allemagne aurait disparu du nombre des grandes puissances. L'Angleterre n'a jamais compté sur la reconnaissance et d'autres raisons sentimentales; elle doit prévoir le moment où, tôt ou tard, après une défaite de l'Allemagne, les anciens ennemis (et de nouveaux ennemis peut-être) se réuniraient en leur haine commune contre la perfide Albion. Bismarck était si certain de la haine inextinguible entre Russes et Anglais, qu'il se mit carrément avec d'Israeli et Salisbury contre Gortchakoff au Congrès de Berlin, ce qui d'ailleurs, fut l'erreur la plus grave de sa vie, car, s'il mettait un frein à l'insolence de la Russie, il blessait en même temps irrémédiablement la juste fierté de la Russie qui avait vaincu la Turquie... Par conséquent, ce n'est que lorsque l'Allemagne est forte que l'Angleterre est courtisée et peut faire la politique de son choix.

« ... Pourquoi a-t-on craint les armements de l'Allemagne? Pourquoi, après Agadir, Sir Edward Grey a-t-il dit que l'Allemagne pouvait être fière de sa force, mais devait faire tout son possible pour ne pouvoir être soupçonnée de préparer une agression? Pourquoi précisément l'Allemagne? Les autres pays ne s'armaient-ils pas aussi pour le combat? Pourquoi ne les soupçonnait-on pas de méditer une agression? Tout simplement parce que l'Angleterre s'est toujours crue obligée de réduire l'État continental le plus fort ou cherchant à atteindre le sommet de la puissance.

« ... Dieu a donné les routes d'eau à toutes ses créatures, et ces routes que personne n'a besoin d'aplanir, de payer, d'entretenir, ne doivent être soumises à aucun État. Or, l'Angleterre veut en être maîtresse souveraine. Schiller lui-même, cet admirateur des Anglais, disait déjà que l'Angleterre étendait ses flottes de commerce comme des bras de polypes, « voulant fermer la maison de la libre « Amphitrite comme si c'était sa maison à elle. »

Tout cela tient à l'état d'esprit que Harden nomme *Inselkrankheit* (maladie d'insulaire).

« Liberté des peuples et absolutisme des princes; *atrocities* et humanité; droits des hommes et tyrannie; tout cela ne sont que des mots. Derrière l'indignation et l'enthousiasme — vains prétextes — il n'y a que le calcul de l'oiseleur guettant le moment de saisir le dangereux oiseau volant trop haut, et de le mettre en cage, ou bien de le tuer ou de le plumer.

« C'est dans ce but que le Slave doit être puissant. Ce but est une monomanie qui fait usage de tous les moyens, souvent les plus malpropres; qui invoque l'idéal humanitaire comme étant le phare et le but de la politique et qui néanmoins doit toujours craindre que l'on ne découvre sa traîtrise et son égoïsme. Une telle façon d'agir éveille en définitive partout la haine, ouverte ou cachée. Sans cette maladie et ses symptômes repoussants, jamais une nation qui a fait pour l'humanité autant qu'a fait l'Angleterre ne se serait attiré une telle haine, ouverte et cachée. L'Angleterre a la prétention d'être l'arbitre des destinées du monde. Mais l'humanité ne saurait consentir à éterniser un ordre de choses dont le but unique est la sécurité de l'Empire britannique. »

Que peut espérer l'Angleterre de la guerre actuelle, en la continuant? Trois cas à envisager :

1° L'Allemagne obligée de se rendre perd l'Alsace-Lorraine, la Posnanie, Sleswig, etc., les colonies.

« Soixante-dix millions d'hommes allemands n'auraient plus qu'une idée : regagner pour leurs enfants, pour leurs petits-enfants au moins, tout ce qui aurait été perdu. Un désarmement imposé par la force ne sert à rien, ainsi que Bonaparte l'a appris, derrière le dos duquel la Prusse s'arma pour sa libération. Il serait impossible de songer à un accord sincère entre vainqueurs et vaincus. La haine contre les oppresseurs, contre l'Angleterre surtout, serait telle qu'elle ne pourrait être détruite pendant des siècles. L'Angleterre devrait maintenir son armée, etc.

« Si l'Allemagne était bien représentée au Congrès de la paix, les vainqueurs seraient déjà dès cet instant en présence d'écueils formidables. »

2° L'Allemagne victorieuse. L'Angleterre payant de ses colonies.

« L'humanité entière pourrait trouver du butin dans cette catastrophe. »

3° La fin amenée par l'épuisement général. Famine, dévastation. Tableaux apocalyptiques.

« Par conséquent, puisque la Terre est assez vaste pour que les deux nations, l'Angleterre et l'Allemagne, puissent y trouver place pour leurs efforts, il faut que l'une d'elles se décide à déclarer : « Je veux une paix qui conserve à mon « Empire sa dignité, à mon peuple son avenir ; je la « veux parce qu'elle seule sera durable, parce que « je suis homme et que j'ai des sentiments « humains. »

« Tous ceux qui craignent de voir finir leur puissance sont les ennemis d'une telle paix. Mais aucun homme de bonne volonté ne peut assister impassible à l'écroulement d'un monde. »

. . . .

Récit de l'abdication de Nicolas II (Harden prétend l'avoir prédite en 1905).

« ... L'abdication était nécessaire et inévitable, parce qu'il ne voyait ni ne sentait ce qu'exigeait l'époque; parce que son cerveau (qui n'était ni plus étroit ni plus enténébré que celui de maint autre monarque) n'engendrait pas la pensée créatrice qui, de nos jours, est l'unique sacre faisant les monarques; parce qu'il ne comprit jamais que la pensée seule remporte les victoires durables.

« ... Depuis que l'expérience avait démontré combien il était rare que la pensée créatrice choisît pour sa demeure le cerveau de celui que le hasard de l'hérédité avait couronné, on avait enlevé au roi la possibilité de faire du mal [1].

« ... Si, — ainsi que daignent nous l'annoncer des têtes d'une perspicacité aussi prouvée que Helfferich et Zimmermann, — l'Angleterre périssait au mois d'août par la famine, ou si plus tard elle était vaincue par les armes, pas un Anglais, Écossais ou Irlandais, n'en accuserait George V. Il n'aurait pas à craindre pour son trône...

« C'est là ce que nous aussi nous voulons enfin avoir. Pas de comédie ni de trompe-l'œil simulant le parlementarisme et les droits du peuple, pas de loi en osier concernant la responsabilité des ministres, aucun autre ornement en stuc pour la façade du Reichstag, ni un Erzberger, Schiffer, Payer ou David avec une charge d'État en guise de sinécure; mais une délimitation nouvelle (et conforme aux exigences de l'époque) des droits — et, partant, des responsabilités — qui serait digne de l'Empereur et de la nation.

« Si cette innovation exige des sacrifices, nul empereur ne peut hésiter à en faire; nul empereur ne saurait se bercer de la croyance que le peuple

(1) Cette phrase se rapporte à la royauté en Angleterre, dont Harden résume l'histoire.

seul, et non pas le souverain également, doit se sacrifier sans compter, sans réfléchir, pour le salut de la patrie. D'autant plus que ce qui doit arriver n'est pas une perte, mais un gain et une ferme assurance de l'avenir de la dynastie.

« La monarchie doit se transformer pour s'adapter aux besoins des différentes époques. »

« Quels que soient le moment et l'aspect de la paix, il est certain qu'elle désillusionnera et remplira d'amertume de vastes couches de la nation. Cette amertume, ce désappointement, peut-on, doit-on permettre qu'ils soient reportés sur l'Empereur, sur la dynastie des Hohenzollern? Et peut-on nier, avec véracité, que la colère qui est dirigée contre le chancelier, seul responsable des actions du chef de l'État, vise dès à présent plus haut? L'Empereur sera déchargé, s'il s'affranchit du devoir de choisir le chancelier, de porter seul la responsabilité de décider de la paix et de la guerre, d'être ou de paraître plus que celui qui exécute la volonté du peuple. Il sera déchargé, non pas paralysé dans son activité; plus libre de charges dangereuses, mais non point diminué en son poids propre.

« La responsabilité de la paix à venir ne peut être portée que par le peuple tout entier. Avant qu'il la réclame, avant qu'une délégation vienne exiger le changement de la Constitution, que la libre volonté de l'Empereur, d'accord avec les princes réunis à lui pour une éternelle alliance, convoque le Reichstag et le Conseil fédéral, les réunissant en une *Constituante* qui donne au pays des ministres responsables, à la majorité parlementaire des élus du peuple le droit de gouverner, à tous les Allemands des deux sexes gagnant leur vie des droits égaux à la participation aux affaires de l'Empire; qui adapte les anciennes lois aux besoins nouveaux et qui donne par là à la nation la liberté et aux têtes couronnées l'assurance d'une existence non menacée; vite! avant que l'heure favorable soit passée : l'aiguille marque minuit moins 12 (1).

. . . .

« L'âme du monde aspire à une moralité plus élevée, à une loi morale dont aucun État, pas plus qu'aucun individu, ne pourra s'écarter; une loi internationale en sa validité, appuyée et soutenue par un tribunal d'arbitrage et un pouvoir exécutif, devant lequel tout État violateur de cette loi serait appelé, de même qu'un individu est appelé pour répondre au tribunal de ses méfaits. L'internationalisme est l'échelon suivant que doit gravir la race blanche : ceux qui paraissent séparés par les frontières, la langue, le costume, doivent reconnaître qu'ils sont les membres d'un seul corps, les organes d'une seule âme.

« L'échelon de l'internationalisme conduit en haut, dans le royaume serein du Galiléen. »

. . . .

(1) Heure à laquelle Nicolas II signa son abdication.

12 mai 1917.

RÉSUMÉ
DE L'HISTOIRE DE LA CHINE DÈS SES DÉBUTS JUSQU'A NOS JOURS

Une seule phrase à retenir :

« Toute monarchie qui s'appuie sur la guerre et la victoire chancelle lorsqu'elle est forcée de laisser rentrer dans le pays son armée après une défaite. »

26 mai 1917.

ARTICLE SUR LE THÉATRE DE MOLIÈRE

Une phrase à noter. Parlant de l'adaptation allemande par Sternberg :

« Dans L'*Avare,* il s'est conduit en vrai *Boche*, selon la fable créée par les Français ; il a annexé, évacué, réquisitionné, pillé sans hésitation et violé sans scrupule. »

2 juin 1917.

Considération sur l'art dramatique. Nécessité pour l'acteur d'avoir de l'imagination avant tout.

---

9 juin 1917.

Article fait de citations : Discours de l'empereur Charles Ier d'Autriche. Discours de Kerensky. Articles de journaux.

Sans commentaires de Harden.

---

16 juin 1917.

LE RÊVE DE STOCKHOLM

Biographie de saint François Régis.

Citations tirées d'articles de Lavisse, etc., sur la Révolution russe. Tout l'article est composé de textes de journaux français.

« Enfin retentit la parole la plus puissante : le message du président Wilson à la Russie. Jamais mortel n'eut sur les paroles, les pensées, la volonté du monde civilisé influence semblable à celle de ce professeur élu à la Maison-Blanche. Tous, rois, ministres, tribuns de toutes nuances, tous répètent ses paroles : cet idéal de paix, dont les détails furent exposés pour la première fois ici même le 22 avril 1916 (article *Si j'étais Wilson*), a éclairé, à présent qu'il a été exposé par le chef d'une jeune puissance mondiale, des ballots et des ballots de papier imprimé.

« On verra si ce message aura une influence décisive sur le Soviet.

. . . .

« Seul le Congrès des socialistes, convoqué par

le Soviet a encore de l'importance. S'il est révoqué (soit parce que ses promoteurs auront perdu la puissance, soit parce que les réponses de la clique Scheidemann au questionnaire leur auront d'avance fait perdre tout espoir), alors l'unité de front de nos ennemis sera assurée plus que jamais.

« Nos ennemis doivent une profonde reconnaissance à l'inventeur du questionnaire.

« La Russie ne pourrait admettre la paix que si elle recevait des réponses qui seraient une trahison au point de vue du droit de guerre. Une paix qui serait acceptable pour le Soviet, ne pourrait être admise par notre Gouvernement impérial qu'à la suite d'une défaite définitive. La Wilhelmstrasse comprend-elle enfin ce dilemme, voit-elle enfin que le fin mot de cette comédie, donnée avec M. Ribot pour régisseur, est de répandre le danger impondérable de l'idée que la France ne veut d'autre paix que la paix victorieuse, alors que l'Allemagne veut n'importe quelle paix, même celle de Haase ? »

« Inutile d'espérer des miracles à Stockholm. Les idées ne peuvent être vaincues que par des idées, jamais par des canons ou des torpilles. Plutôt que d'attendre des miracles, cherchez à attirer les âmes vers une paix à laquelle l'Allemagne collaborerait. Les miracles ne sont possibles que lorsque l'action, comme celle de François Régis, est fille d'un ardent amour pour l'humanité. »

---

23 juin 1917.

Consacré aux affaires de Grèce. Parallèle entre Maximilien Ier de Mexique et Constantin.

Deux phrases à noter :

« ... *das germanische Mitteleuropa,* l'Europe Centrale germanique à laquelle on pourrait (mieux encore qu'à l'idée de paix éternelle) appliquer le mot de Moltke : « C'est un rêve, et pas même un « beau rêve ! »

. . . .

« Avec le *Lusitania,* on coula aussi une bonne partie de l'incrédulité en ce qui concernait les rapports ennemis au sujet des Allemands. La note du Gouvernement impérial fit le reste en prescrivant aux vaisseaux américains leur couleur, leurs jours de départ, leur parcours, sous peine d'être coulés. L'Américain crut voir en cela un signe certain du désir de domination mondiale, auquel nul homme libre ne pouvait se soumettre. »

Le 8 août 1914.

IL FAUT QUE NOUS SOYONS VAINQUEURS

« Le jour de la vengeance est arrivé. Ne le profanez pas par d'inutiles bavardages. Il ne s'agit pas de savoir qui a raison. S'il s'agissait de cela, on pourrait écouter le conseil des sots et porter les grandes questions du conflit des nations devant un tribunal qui ferait connaître son jugement avec des considérants bien soigneusement polis.

« La raison deviendrait déraison. Demandez au hêtre qui lui a donné le droit d'élever sa cime plus haut que les sapins qui l'entourent : citez-le devant un tribunal que préside un arbre nain du Japon. Sa réponse sera : « Ma force est mon droit. »

« Il n'y a pas de juge compétent pour le droit inné d'un peuple de vivre, de prospérer, de grandir vers le ciel. Nous refuserions chaque juge, car aucun ne serait impartial, et tous, nous sommes entachés de partialité en ce qui concerne les agissements pouvant nous être nuisibles ou faibles. Tant pis pour les dirigeants qui se sont laissés surprendre, qui ne savaient pas que l'antique état de nature primitive reparaît lorsque le dieu de la guerre reprend son armure; les dirigeants qui ne savent pas que l'on ne dit pas à l'ennemi que l'on veut, que l'on doit frapper au cœur : « Veuillez « donc avoir la bonté de prendre votre armure bien « tranquillement. »

« Aussi longtemps que cela est possible, nous restons des gens convenables, mais nous pouvons aussi, s'il le faut, devenir des cochons (*Schweinehunde*).

« Frédéric le Grand a dit cela, et non pas seulement de ses Prussiens.

« A quoi nous aurait servi la méditation qui n'aurait servi qu'à donner une avance à l'ennemi, dont le territoire est plus restreint ? C'était, dit-on, une tactique qui est exigée par plus d'un article de traité. Bien. Mais en voilà assez à présent. Les discussions subtiles sur la question du droit ne feront pas naître l'esprit que la Germanie demande encore une fois à ses enfants.

« Qui est dans son droit ? Qui a la puissance ? c'est de cela seulement qu'il s'agit.

« Si nous étions les agresseurs et non les agressés, il resterait des milliers d'offenses, des centaines d'insultes à venger, et soixante millions de poitrines pousseraient comme un seul homme le cri : « Que nous soyons dans le droit ou non, « nous voulons vivre et mourir pour la patrie ! »

« Nous voulons vaincre, nous devons vaincre. Et non pas prouver devant des messieurs en robes et lunettes que nous sommes d'honnêtes gens à esprit paisible. Cecil Rhodes, qui fut un homme, un géant, a hurlé une fois, à la barbe d'un chercheur de midi à quatorze heures :

« Cette guerre est juste, car elle est utile à ma « nation et augmente la puissance de mon pays ! »

« Cette phrase devrait être affichée partout, on devrait la faire entrer à coups de maillet dans tous les cerveaux.

. . . .

« Ainsi donc, plus d'excuses désormais, plus de gémissements sur l'ingratitude et la trahison, plus de promesses de réparer en temps de paix les violations de droit. Tout cela ne nous servirait absolument à rien. Ceux qui sont à présent les plus proches furent jadis nos ennemis les plus acharnés ; nous les accusions des pires trahisons (comme ils le faisaient de nous d'ailleurs), et nous étions intimement liés avec nos ennemis d'aujourd'hui. Chacun peut prouver en paroles, lorsqu'il n'y a personne pour le contredire, que le bon droit est de son côté, ainsi que la plus haute moralité. Bavardages stériles : après quarante-quatre ans, on discute encore pour savoir qui a voulu amener et commencer la guerre de 1870. Peu importe ! La seule chose qui compte, c'est que tous, géants ou nains, savent qui l'a gagnée. Si notre force écrase la puissance de l'ennemi, nous nous moquerons de ce que l'on pourrait dire ensuite, que notre façon d'agir ait été contraire au droit. Et si nous ne vainquions pas la Triple Entente, à quoi servirait l'aveu que notre honnête simplicité s'est laissé surprendre et tromper? Nous sommes en guerre : nos preuves, ce sont l'infanterie, l'artillerie, la cavalerie. Nous devons vaincre. Autrement, on ne nous fera jamais droit. Aux armes! Dieu est avec l'escadron le plus fort! a dit Frédéric le Grand. »

Le 29 août 1914.

NOUS SOMMES DES BARBARES

(L'Alsace a été reconquise une deuxième fois par les armées allemandes. Résumé du passé jusqu'à 1871 inclus.)

« Depuis lors, c'est-à-dire pendant environ sept lustres, tout ce que l'on peut imaginer n'a-t-il pas été fait pour rendre normaux les rapports entre l'Allemagne et la France? Nous aimons ce beau pays et ce peuple belliqueux qui unit un esprit aiguisé à la fantaisie, et le charme à un esprit de rapide à-propos. Nous lui accordions toute gloire, tout agrandissement de sa puissance d'outre-mer (la seule qui pouvait assurer son avenir), et nous n'aurions jamais mis d'obstacle à son activité si elle n'avait menacé notre propre maison.

« Chaque porte, en Allemagne, s'ouvrait à chaque Français. Les parfums, les vaudevilles, les corsets et les romans de Paris nous étaient, ainsi que les produits plus nobles de nos voisins, toujours les bienvenus. Devant les ruines mêmes de ses arts, nous nous inclinions avec recueillement. Mais en vain. C'était toujours la même note : « Un « jour, la revanche... »

« Au moment d'Agadir, j'écrivais « ... Entre les « voisins, les choses ne peuvent pas rester dans « l'état actuel. Car la maison construite il y a qua- « rante ans est devenue trop étroite. Et chaque « descendant allemand se ressentirait des suites, « si ses ancêtres perdaient le temps qui leur avait « été donné pour élargir le domaine de la puissance « nationale. La France a besoin de la partie du « Maroc que les Presidios ne régissent pas ; l'Alle- « magne a besoin d'être délivrée d'un mal qui dure « depuis quarante ans ; l'Europe a besoin de la « possibilité de s'unir contre l'Angleterre mena- « çante... Édouard VII est mort et son successeur « est trop puritain pour pouvoir aimer la France. « La France pourrait avoir un ami qui lui rendrait « tout son éclat de jadis, et dont le germe déposé « dans le sein du jardin de la France donnerait nais- « sance à une nouvelle floraison d'humanité en « Europe... »

« La politique de la République fut souvent servie par une souplesse très habile. Mais elle fut aussi, au fond, toujours très bête. Et, de plus, sans dignité. Si quelqu'un trouve qu'on lui a fait du tort, qu'il se venge. Mais qu'il n'aille pas partout se plaindre, pleurnicher et gémir jusqu'à ce que la patience de l'accusé soit à bout, et ensuite jouer le rôle de l'innocence persécutée.

« Alliée à l'Allemagne, la France serait en sûreté. Son droit ne serait pas inférieur au nôtre. Nous paierions ses marchandises, nous donnerions des intérêts pour son argent, aussi bien que n'importe quelle nation, et même mieux. Ses possessions d'Europe, d'Asie, d'Afrique lui seraient assurées et une grande armée lui serait désormais inutile. Nous aurions appris bien des choses des républicains, et eux auraient appris de nous l'utilité d'une organisation ferme et d'un crédit raisonnable, et n'auraient pas eu l'ennui de voir leurs inventeurs dépassés par notre industrie (Exemple : canons, automobiles, aéroplanes).

. . . .

« Et que l'on ne croie pas que les assiégeants de Paris hésitent encore, comme en 1870. Aucune princesse ni reine pitoyable n'intercédera pour les Parisiens. Aucune ne serait écoutée. Aussitôt que les canons seront en place, on bombardera. L'armée restera en France, sera nourrie par la France, jusqu'à ce que la paix soit conclue. S'il n'y pas de gouvernement responsable avec lequel la paix puisse être conclue, alors l'occupation par des millions de soldats durera autant qu'il le faudra...

« Jamais notre armée ne manquera de vêtements, de nourriture, d'armes ni de munitions. Peut-être réserve-t-elle ses meilleurs canons pour Anvers et Paris. Cette armée est la volonté d'un peuple, guidée par une force sage, volonté qui se dresse pour réparer ce que les diplomates ont gâté. Le millionnaire se bat aux côtés du journalier, le prince aux côtés du compagnon boulanger.

. . . .

« La France voulait les départements belges pour elle. La République et l'Empire voulaient dévorer la Belgique. L'Allemagne fut toujours son amie désintéressée. Elle lui donna un roi. Elle lui donna envers et contre la volonté des autres grandes puissances le bassin du Congo. L'Allemagne fit tout cela. Est-ce donc oublié aujourd'hui ?

. . . .

« Pourquoi les Belges nous haïssent-ils ? Pourquoi, envers les Allemands, envers des hôtes sans défense de leur pays se sont-ils montrés comme des bêtes sauvages ? Le traité du Congo de Kiderlen fut une erreur ; mais jusqu'à ce jour, elle ne leur avait pas été nuisible. Ils pouvaient s'élever contre la violation de leur neutralité : par un refus bourru, voire même, s'ils le jugeaient sage, par la preuve de leur vouloir d'avoir recours aux armes. Mais la chasse aux hommes, femmes et enfants allemands, fut l'œuvre d'une misérable lâcheté. Nous avons toujours honoré leur histoire, leur aspiration à la liberté, leur art, leur industrie. Toujours. Les Allemands ont porté leur argent dans les villes et les villes d'eaux de la Belgique. Furent-ils des voyous ? Non, des gens paisibles et courtois qui ne se tenaient pas pour supérieurs aux Wallons et aux Flamands. Pour Maeterlinck et Verhaeren les Allemands ont fait plus que la Belgique et la France réunies. Pourquoi les Belges se sont-ils permis hier ce qu'ils n'auraient jamais osé se permettre à l'égard de Russes, d'Américains, d'Italiens? Parce qu'ils nous croyaient des barbares? Non. Parce qu'ils étaient certains que nous prendrions avec patience les pires insultes.

« C'est de l'autre côté de la Manche que cette certitude leur avait été inculquée. Ce n'est que l'innocence allemande qui s'étonne de voir tous nos ennemis réunis autour de la bannière de l'Angleterre.

. . . .

« Anglais, Belges, Français, Slaves du Nord et du Sud, Japonais, s'encensent réciproquement comme étant les porteurs de la suprême culture de l'humanité et nous appellent barbares. Nous serions des imbéciles si nous contredisions. Les barbares furent ceux qui creusèrent la tombe de l'antique Rome : les Germains. La terre allemande porte des barbares et des guerriers. Lorsque Tanger, Toulon, Anvers et Calais seront soumis à la puissance des barbares, alors ils causeront parfois gentiment avec vous, compères. »

---

17 octobre 1914.

VARSOVIE — ANVERS

« Le plus noble ornement de l'existence des Allemands est de ne pas être bons pour le grouillement gras des peuples paisibles.

. . . .

« Cessez les tentatives pitoyables d'excuser l'action de l'Allemagne. Ne pleurnichez plus vis-à-vis d'étrangers qui ne tiennent pas à vous écouter pour dire combien nous aimions le sourire de paix peint sur nos lèvres et combien nous regrettons que l'astuce des ennemis nous ait forcés à faire la guerre.

. . . .

« Ce n'est pas par surprise ni malgré nous que nous avons affronté l'effroyable risque de cette guerre. Nous l'avons voulue. Parce que nous devions et pouvions le vouloir. Que le diable teuton emporte les pleurnicheurs dont les excuses nous rendent ridicules ! Nous ne sommes pas devant le tribunal de l'Europe. Nous ne nous y présentons pas. Notre puissance doit créer en Europe un droit nouveau. L'Allemagne frappe. Lorsqu'elle aura conquis de nouveaux domaines pour son génie, les prêtres de toutes les divinités exalteront la bonne guerre.

. . . .

« Nous ne faisons pas la guerre pour châtier des pécheurs ni pour délivrer des peuples asservis et pour nous chauffer ensuite à la conscience d'un noble désintéressement. Nous la faisons avec la ferme conviction que l'Allemagne peut exiger et doit obtenir un territoire plus grand et des possibilités d'activité plus grandes. Les pays malgré lesquels l'Allemagne s'est élevée existent encore, quelques-uns se sont rétablis et ont retrouvé de la force.

« Mais c'est à présent l'heure de la puissance supérieure de l'Allemagne. Un traité de paix qui ne garantirait pas cette puissance (ou la première place parmi les puissances) à l'Allemagne ne compenserait pas l'effort fait (lors même qu'il ferait rentrer des douzaines de milliards dans le trésor de l'Empire : la destinée de l'Europe dépendrait de la volonté des États-Unis d'Amérique). Nous ne luttons que pour nous ; et néanmoins nous sommes certains que tous pourraient bientôt se réjouir du résultat. Car avec la guerre, dont une impuissance maladroite a rendu plus nombreux les dangers, devra aussi prendre fin la politique qui a écarté tous ceux qui sont encore debout de toute communauté d'intérêts avec la plus puissante nation du continent. Nous avons besoin de terres, de libre accès à la mer, et pour l'esprit, la langue, les marchandises et les valeurs (littéralement « la lettre de change ») de l'Allemagne, les mêmes droits dont ces biens jouissent dans les autres pays. »

TABLE DES MATIÈRES

NANCY, IMPRIMERIE BERGER-LEVRAULT — JUILLET 1918

NANCY, IMPRIMERIE BERGER-LEVRAULT

www.ingramcontent.com/pod-product-compliance
Ingram Content Group UK Ltd.
Pitfield, Milton Keynes, MK11 3LW, UK
UKHW021104220726
13924UKWH00004B/1501

9 782019 946692